创客教育系列丛书

创作创客

黄伟祥　主　编
胡永跃　陈卫军　副主编

清华大学出版社
北京

内 容 简 介

本书为创客教育系列丛书小学第三册，内容包括创客通识、畅想创作和创意制作三部分。第一部分，通过"智能门"项目的创作，引领同学们知道什么是创客、创客应该具备哪些素养、创客创作经历哪些过程。第二部分，通过"20年后的城市"项目，引领同学们进行畅想创作，知道如何确立创意、呈现创意，并学会如何创作科幻作品。第三部分，通过"智能垃圾桶"项目，引领同学们如何将好的创意或想法，通过造型设计、硬件搭建、编程实现等创作出实体作品，实现所设想的功能。

本书为创客教育系列丛书小学第三册，适合小学三年级学生阅读使用。

图书在版编目(CIP)数据

创客创作 / 黄伟祥主编. —北京：清华大学出版社，2020.7
（创客教育系列丛书）
ISBN 978-7-302-55991-7

Ⅰ. ①创… Ⅱ. ①黄… Ⅲ. ①信息技术—小学—教学参考资料 Ⅳ. ①G624.673

中国版本图书馆CIP数据核字(2020)第121785号

责任编辑：张　瑜
装帧设计：杨玉兰
责任校对：王明明
责任印制：沈　露

出版发行：清华大学出版社
　　　　　网　　址：http://www.tup.com.cn, http://www.wqbook.com
　　　　　地　　址：北京清华大学学研大厦A座　　　　邮　　编：100084
　　　　　社 总 机：010-62770175　　　　　　　　　　邮　　购：010-62786544
　　　　　投稿与读者服务：010-62776969, c-service@tup.tsinghua.edu.cn
　　　　　质量反馈：010-62772015, zhiliang@tup.tsinghua.edu.cn
印 装 者：三河市君旺印务有限公司
经　　销：全国新华书店
开　　本：210mm×285mm　　　印　　张：7.25　　　字　　数：168千字
版　　次：2020年8月第1版　　　印　　次：2020年8月第1次印刷
定　　价：49.80元

产品编号：088177-01

序

全球化和人工智能、大数据、区块链等技术的飞速发展，正在深刻改变着人才需求和教育形态，促使学生掌握在 21 世纪生存和成功所需的知识与技能，它们被称为 21 世纪的高阶思维技能、更深层次的学习能力以及复杂的思维和沟通技能。创客教育与 STEM 教育作为跨学科综合教育的有效形态，在全球范围内，特别是在美国、英国、德国、以色列、芬兰、日本等发达国家，已被提升到国家发展及人才战略的高度。近年来，STEM 教育理念在我国也越来越受到广泛重视并达成共识，其优越性体现在以下方面。

一是用知识解决问题。学生需要应用知识和技能，并且必须能够将知识和技能、学习和能力、惰性学习和主动学习、创造性和适应性的学习转化为有价值的高阶思维的分析、评价与创造。

二是批判性思维。批判性思维被认为是 21 世纪学习的基础，包括对信息的获取、分析和综合，并可以被教授、练习和掌握。批判性思维还利用了其他技能，如交流、信息素养能力，以及检验、分析、解释和评估证据的能力。

三是问题解决能力。21 世纪学生的另一个基本能力是解决问题，研究和解决问题的技能包括识别和搜索、选择、评估、组织和权衡备选方案和解释信息的能力。

四是沟通与协作。良好的沟通能力，包括口头和书面表达令人信服的想法的能力，能提出明确的意见，能接受连贯的指示，并通过言语激励他人，这些能力在工作场所和公共生活中都被高度重视。规范的合作学习需要改变课程、教学、评估实践、学习环境和教师的专业发展，21 世纪的合作将在学校内部、学校之间、学校内外的沟通之间发展。

五是创新与创造力。在全球化竞争和任务自动化的今天，创新能力和创新精神正在迅速成为职业和个人成功的必要条件，勇于"抓住"问题和实践探究"开拓新领域"的能力，激发新的思维方式，提出新的想法和解决方案，提出不熟悉的问题，并得出意想不到的答案，进一步激发创新和创造力。

六是基于项目和基于问题的探究式学习是 21 世纪教与学的核心，是实现 21 世纪教育目标的理想教学模式。学生们通过设计和构造现实生活中问题的实际解决方案来学习，在小组合作中，学生将开展跨学科知识融合与研究，对项目的不同部分负责，互相评价对方的工作并创造出专业的高质量产品，这将有助于培养学生在现实世界中解决问题的能力。

国内对 STEM 课程的研究还处于起步阶段，存在概念理解偏差、课程设置不完善以及师资力量不足等问题。一些技术驱动的创客内容，脱离了教育本质，未能以核心素养为本推动学生内在发展。虽然国内也出现了许多课程，如机器人、3D 打印、编程等，但大多呈现出碎片化的状态，没有形成一套完整的课程可供大家参考和借鉴。针对这种情况，"创客教育系列丛书"力求以系统化、可持续、可评价的方式开展 STEM 教育和创客教育的理论研究与实践探索，研发了一套 STEM 教育和创客教育的系统化课程，完成了从小学、初中到高中的有效衔接，以落实基于 21 世纪核心素养人才的培养方案。本丛书编写的指导思想，结合了我国国情，从"立德树人、服务选才、引导教学"角度出发，融项目式学习（PBL）、STEM 理念于一体，基于通识教育，以项目式学习推进 STEM 教育。该丛书包括小学三册、初中三册、高中三册，立足于大众创客教育，围绕数字创作、人工智能、创意制作、畅想创作四类课程有效进阶，结合网络学习平台，软硬结合，虚实融合，线上线下整合，培养学生21 世纪核心技能。因此，该丛书的内容设计在选取上注重输入与输出的有效对接，每种课程都有合适的出口，最终都呈现出学生作品，与培育精英人才结合，与市、省及国家级的竞赛活动衔接。本丛书解决了跨学科融合与考试升学之间的矛盾；解决了不同地区经费需求不同的问题；解决了创客教育与 STEM 教育可持续性问题；解决了创客教育师资不足的问题。丛书出版以符合教育部公示并通过审核的面向中小学生的全国性竞赛活动为准，作品无论是虚拟创作还是实体制作，都是一个项目、一种工程。该丛书用项目式学习为师生提供明确的教学指引和学习支架，小学、初中、高中各阶段教材均以知识技能为主线，以项目教学或项目式学习为辅线，通过项目范例、项目选题、项目规划、探究活动、项目实施、成果展示、活动评价等环节引领教与学的活动。丛书中项目教学的思路主要通过项目式学习实施路径和项目活动评价表予以落实。

该丛书立足创客教育与 STEM 教育战略高度的顶层设计，聚焦教育创新战略，设计教育改革发展蓝图，积极探索新模式，借鉴国际教育发展前沿趋势和国内创新实践，聚焦提升人才培养质量，以为国家建设培养创新人才为核心，整合全社会资源，项目引路，构建由中小学校校内之间、不同学校之间以及校外与科研机构、高新企业、社区和高等学校组成的项目式学习发展共同体，以实施系统完整的创客课程与 STEM 课程为主线，打造覆盖区域的课程实施基地，面向全体，让每一个学生接受创客教育与 STEM 教育，通过课程的常态化和人才选拔，培养国家发展急需的创新型人才和高技能人才，为国际教育发展和科技创新型人才培养提供中国智慧和中国方案。

该丛书难免存在缺点和不足，殷切希望广大读者批评指正！

中国教育信息化创客教育研究中心

丛书主编　孙晓奎

2020 年 7 月

给同学们的话

亲爱的同学们：

　　当我们在欣赏他人创作的作品的时候，是不是常常被作者的创意所折服？是不是惊叹创客作品的智能化？欣赏之余，我们有没有想过，自己也可以成为一名小创客，也能发挥出无限的创意，创作出让人眼前一亮的创客作品呢？

　　本书中，通过"智能门"项目的创作过程，让我们知道什么是创客、创客应该具备哪些素养、创客创作经历哪些过程。对于热衷于畅想创作的同学们，我们可以通过"20 年后的城市"项目，知道如何确立创意、呈现创意，并促进创新思维的发展。当然，有好的创意，最关键的就是通过造型设计、硬件搭建、编程实现等创作实体作品，实现创意。"智能垃圾桶"项目就是我们实现创意的一个很好的范例，它从 LED、蜂鸣器、舵机、超声波传感器、光敏传感器、人体红外传感器等实验入手，让同学们体验创意实现的全过程。

　　同学们，你们是不是有点心动啦！心动不如行动！让我们一起展开想象的翅膀，制作出创意无限的作品吧！

第1章

创客通识

　　创客，源于英文单词"Maker"，是指勇于创新，努力把各种创意转变为现实的人。在中国的发展过程中，创客与"大众创业，万众创新"联系在一起，创客进入了众创时代。在众创时代，社会实践就是创客们的舞台，每个人都有成为"创客"的可能。

　　同学们，你想成为一名小创客吗？你知道创客的基本知识及创客作品的制作过程吗？本章将带领同学们进入创客的世界，了解创客的由来、未来，了解创客空间的构建和作用，认识到一名小创客要具备的素养，学习创客作品的创作过程和作品的呈现，通过小组协作、自主探究、项目制作等方法，将自己的创意转化成现实，并在学习过程中获得发现问题、解决问题的能力，培养创新素养。

项目范例：智能门

● 情境

　　创客运动是什么？常用的创客工具有哪些？怎样成为一名小创客？带着对创客的兴趣和热情，小新去龙华哥哥所在的未来星创客空间参观，与创客智造亲密接触。跟随龙华的引领，他看到了人脸识别门、声控窗帘，体验了自动结算餐具、虚拟火灾逃生，这些创意智造无疑给生活带来了便利。小新决定关注身边的智能生活，尝试着完成一个智能门项目。

● 主题

　　智能门。

● 规划

　　根据项目范例的主题，在小组中组织讨论，制定项目学习规划，例如：

　　1. 智能门有哪些功能？可以进行哪些改进？

　　2. 需要用到哪些工具和材料？它们如何发挥作用？

　　3. 怎样安排小组成员分工与项目进度？

　　4. 如何展示作品或分享创意？

● 探究

　　根据项目学习规划的安排，通过调研和案例分析，从网上搜索资料或进行小组讨论，开展"智能门"项目学习探究活动，如表1-1所示。

表1-1 "智能门"项目学习探究活动

探究学习内容	探究学习活动	知识技能
我是小创客	创客的由来	知道创客的由来及起源； 了解创客的意义及未来； 了解创客的素养
	创客的未来	
	创客的素养	
创客空间	创客空间构建	了解创客空间的规划及区域的功能； 了解创客工具的类型； 认识常用的创客工具
	创客工具	
创客创作过程	头脑风暴	会分析生活问题，形成项目选题； 学会对项目进行规划； 了解项目实施的过程
	项目策划	
	项目实施	

续表

探究学习内容	探究学习活动	知识技能
创客作品呈现	作品展示	学会对作品展示的规划与分工；
	活动评价	学会从交流中分享，从分享中改进；掌握活动评价的标准和方法。

● 实践

实施项目学习的各项探究活动，了解创客和创客空间的基本知识，认识作品创作的过程，学会用合适的方式呈现和评价作品。

● 成果

在小组开展项目范例学习过程中，整理小组成员在学习活动中的意见，建立观点结构图，运用多媒体工具（如思维导图、演示文稿、表格等），综合加工和表达，形成可视化学习成果（如项目规划图、项目调研报告等），并通过各种平台进行分享。

● 评价

根据本书附录的"项目活动评价表"，针对项目范例的学习过程和学习成果，在小组和全班中或在网络上开展交流，进行自评和互评。

● 项目选题

请同学们以 3～6 人组成一个学习小组，选择下面一个参考主题，或者自拟一个感兴趣的主题，开展一个项目学习。

主题一：声控灯

主题二：营养午餐点子比拼

主题三：创意搭建

自选主题：_____

● 项目规划

各小组根据本组的项目选题，参照项目范例的样式，利用思维导图工具，制定相应的项目方案。

● 方案交流

各小组将完成的方案在班级中进行展示交流，师生根据交流情况，按照下面问题的指引，共同完善本组的研究方案。

我们小组方案的优点是_____

_____

我们小组的方案还需要补充的地方有 _____

_____

我认为还有更好的方案，我们可以（怎么做）_____

_____

● 探究活动

请同学们通过本章各节中一个个小项目的探究、合作学习，为实施大项目规划做好充分的知识、技能储备。

第1节　我是小创客

龙华是一名创客，来自未来星创客空间，小新是一名小学生，很羡慕龙华能将自己的创意变成作品。他们就"怎样成为一名小创客"进行了对话。

一、创客的由来

1. 什么是创客

小新：龙华哥哥，"创客"是什么？

龙华："创"指创造，"客"指从事某种活动的人，"创客"本指勇于创新，努力把各种创意转变为现实的人。

小新：创客太棒了，我也想做一名创客。

龙华：跟着我一起来了解一下创客的知识吧。

2. 创客的起源

小新：什么时候开始有"创客"的？

龙华：尽管"创客"一词最近才译自英文单词"Maker"，但创客却早已有之，如中国古代的木匠鼻祖鲁班，发明地动仪的张衡，创作文学作品《水浒传》《三国演义》《西游记》《红楼梦》的作者们等，就是早期的创客。

二、创客的未来

1. 创客的意义

在中国，"创客"与"大众创业，万众创新"联系在了一起，只要具有创新理念，自主创业、创作，将创意付诸实施的人，都属于创客。不仅科技创新者是创客，文艺等行业的创作者也是创客。

龙华：作为一名创客，从创新1.0时代，到创新2.0时代，参与创客活动的方式发生了巨大的变化，创新模式也发生了很大的改变，如图1-1所示。让我惊喜的是，在"众创"时代，我的创客小伙伴们越来越多了。

创新1.0

- 以科研人员为主体
- 以实验室为载体
- 发展技术

创新2.0

- 以用户为中心
- 以社会实践为舞台
- 开放创新

图 1-1　创新模式的变化

小新：谢谢龙华哥哥的介绍。这么说，作为一名普通用户，成为一名小创客的机会也很大？

龙华：是的。

2. 创客的未来

龙华：创客的本质是创新、创造，更是未来的创造者。作为一名创客，我希望我和小伙伴们能够改变世界。同学们，在你的生活和学习中进行观察，思考一下，有没有你想要解决的小问题呢？

小新：在生活中，我有时会有些小想法。

龙华：把你的奇思妙想，通过创客精神和创客制作，进行创意呈现或实现，这便是我们改变世界的开始。创意呈现如图 1-2 所示。

图 1-2　创意呈现

三、创客的素养

1. 基本品质

作为一名创客，善观察、爱思考、敢实践、乐分享是基本品质，如图 1-3 所示。有了这些优秀品质，我们才能发现问题、解决问题，才能表达创意、实现创新。

创客教育系列丛书　小学第三册

善观察

爱思考

敢实践

乐分享

图1-3　创客品质

【讨论】

请在小组内讨论，说一说你认为"创客"需要具备的独特品质。

2. 基本知识

作为创客，在创作过程中，经常会遇到各种各样的问题，往往需要具备多学科的知识、掌握多种技能，并灵活运用这些知识和技能来解决问题。

例如，在"智能门"的项目学习中，需要涉及科学、技术、工程、艺术、数学等多个学科的知识，如表1-2所示。

同样，一部文学作品或一部艺术作品的创作，也需要具备跨学科的知识和技能，同样需要融合科学、技术、工程、数学等多学科的知识。

3. 基本技能

基本技能包括以下几方面。

（1）设计思维：用新思路看待问题，从项目工程的角度思考问题，设计有效方案，如图1-4所示。

（2）工具应用：会使用各种软、硬件工具进行创作，实现想法。

（3）自主探究：会自主应用技术、方法，寻找问题的答案，如图1-5所示。

（4）合作沟通：沟通分享思路、问题、点子以及解决方案，协作达成目标。

表1-2 "智能门"涉及的知识

主题	学科	相关内容
智能门	科学	智能门的知识、应用情况
	技术	网络技术、编程实现技术
	工程	工程搭建、作品组装
	艺术	作品美化、包装、完善
	数学	舵机的角度、声音值的判断等

图1-4 填写项目设计表

图1-5 自主探究

【实践】

通过调查、资料查找和小组讨论，开展"生活创想"活动。请大胆地进行联想和设计，并在表1-3中进行记录和描述。

表1-3 创客创想及设计

调研对象	问题描述	设想	功能设计
小学生	写字姿势不当，容易近视	制作一个写字姿势矫正器	能检测写字姿势，能进行语音提醒

创客教育系列丛书 小学第三册

第2节 创客空间

● 情境

　　龙华来自未来星创客空间，这个创客空间里不仅有星空体验区、3D智能打印机、AI机器人，也有美术活动室、语言创作室等，还有各种类型的工具可供使用，能将各种创意付诸现实。小新听了龙华的介绍，兴趣盎然。

● 问题

　　小新：创客空间能做什么？

　　龙华：创客空间（Makerspace），一般指众创空间，即创新型孵化器。"众"是主体，"创"是内容，"空间"是载体。我国有四大有名的创客空间，如表1-4所示。

表1-4　国内四大创客空间

名称	标志	成立时间	简介
上海新车间		2010年10月	向硬件高手、电子艺术家、设计师、DIY爱好者等人提供的一个开放式社区
柴火创客空间		2011年8月	寓意"众人拾柴火焰高"，为创新制作者提供自由开放的创作环境
北京创客空间		2011年1月	试图建立开源生态系统，让空间具备社区与孵化的双重功能
杭州洋葱胶囊		2011年11月	是国内首个由艺术院校建立的创客空间，逐渐发展成一个作品发布平台

　　小新：龙华哥哥，实验室算不算创客空间？

　　龙华：创客空间不仅是指进行实体创作的场所，只要是能进行创作活动、创作出作品的场所都算创客空间，因此，实验室、舞蹈室、美术室、英语角等也可以算是创客空间。

一、创客空间构建

1. 创客空间规划

　　小新：龙华哥哥，校园里的创客空间一般是怎样的？

　　龙华：校园创客空间一般会有教学区、造物区、交互体验区等不同区域，以满足教学、创造、体验等不同的功能需求。校园创客空间区域规划如图 1-6 所示。

教学区　　　　　　　　造物区　　　　　　　　体验区

图 1-6　校园创客空间区域规划

2. 功能区域作用

龙华：小新，你对创客空间这么感兴趣，跟着我一起到教学区、造物区、体验区参观体验一下吧，看一下创客们是怎样设计项目、实现创意的。

小新：太棒了，我能进一步了解创客制作了！

创客区域设备及功能如表 1-5 所示。

表 1-5　创客区域设备及功能

区域	设备	功能	图例
教学区	教学设备、学生桌、储物柜等	小组教学 设计项目 初步创造	
造物区	3D 打印机、电脑、激光切割机、手工工作台、设备工作台	电脑设计 创客制造 手工包装	
体验区	VR 体验区、无人机、AI 机器人等	交互体验 项目了解	

【交流】

进行小组讨论，说一说你感兴趣的其他创客空间，以及其区域功能设置，并作记录。

二、创客工具

1. 工具分类

为了完成作品创作，我们需要的工具是多种多样的，其中进行实体作品创作的工具可分为机械加工、电子智能、软件编程等。不同的工具有不同的用途，提供给不同需求的创客使用，如图 1-7 所示。

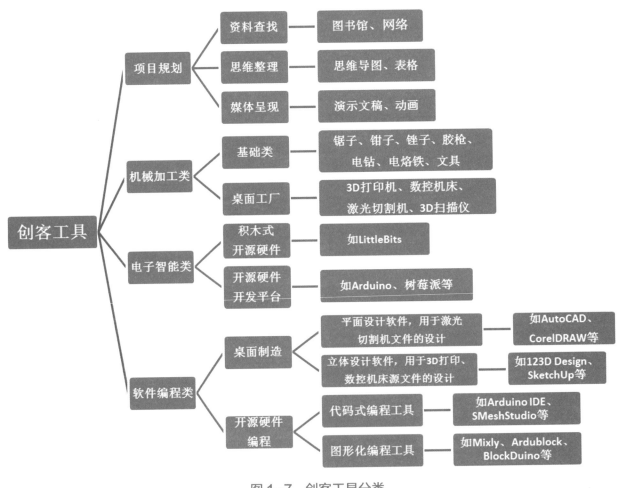

图 1-7 创客工具分类

2. 常用工具认识

1）3D 打印设备

3D 打印（3DP）即快速成型技术的一种，又称增材制造。3D 打印通常是采用数字技术材料打印机来实现的，它以数字模型文件为基础，运用粉末状金属或塑料等可黏合材料，通过逐层打印的方式来构造物体的技术。对于刚入门的创客来说，3D 打印笔也是不错的选择，操作简易，如图 1-8 所示。

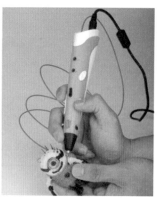

图 1-8　3D 打印机和 3D 打印笔

2）Arduino 开源硬件

Arduino 是一款便捷灵活、方便上手的开源电子原型平台，Arduino 可用于开发交互式对象，采取各种开关或传感器输入，控制各种灯和其他物理输出。Arduino 的项目，可以独立，也可以与计算机上运行的软件通信。Arduino 是电子专家、爱好者、学生和任何梦想者的必备开发工具，让学生也能快速创造出新的电子产品，如图 1-9 所示。

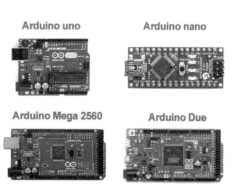

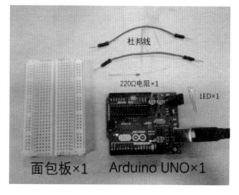

图 1-9　Arduino 的主板、传感器、配件

3）图形化编程工具 Mixly

Mixly 是一款强大的 Arduino 图形化编程工具，编程界面简洁明快，功能丰富，操作流畅，

使我们的编程就像搭积木一样简单。让我们一起来认识一下这个软件，如图 1-10 所示。

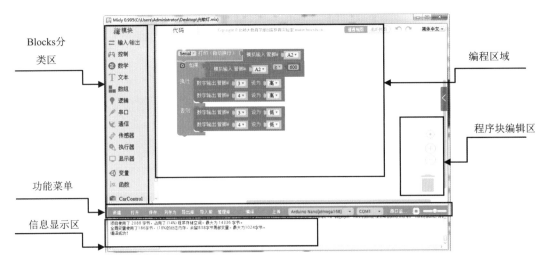

Blocks分类区

编程区域

程序块编辑区

功能菜单

信息显示区

图 1-10　Mixly 界面

三、个性创客空间

龙华：创客空间多种多样，并不局限于校园实体创客空间，也包括美术室、实验室、英语角、家庭工坊等个性创客空间。只要你拥有创客精神，社会就是一个大创客空间，到处都有表达和呈现创意的平台。

1. 家庭手工坊

在原料、工具、设备齐全的条件下，我们在家里就能进行个性创作，在项目制作过程中，通过设计→选材→制作→完善的流程，将自己的创意实现并不断完善，如图 1-11 所示。

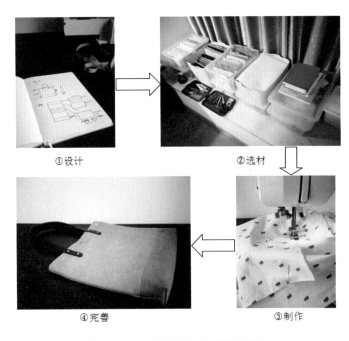

①设计　　②选材　　④完善　　③制作

图 1-11　家庭手工坊创作流程

2. 语言小舞台

故事创作和表达能力是社交的必备能力，如何把故事内容讲得准确、生动、形象，不仅要依靠日常的积累和练习，还要选择技巧和方法的支撑，如图 1-12 所示。

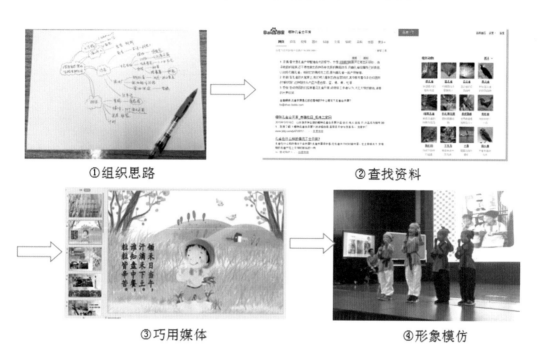

①组织思路 　　②查找资料

③巧用媒体 　　④形象模仿

图 1-12　故事创作过程

【实施】

进行小组讨论，继续"生活创想"活动。请为小组的创客设计选择合适的材料和工具，如表 1-6 所示。

表 1-6　创客设计的材料和工具

设想	功能设计	材料	工具
讲一个夜行动物的故事	表达准确、声情并茂，使用多媒体展示	纸、笔、相关书籍；声、图、视频等资料	电脑、网络、思维导图、多媒体制作工具等

【展评】

各小组运用数字可视化工具，将所完成的小项目初期成果，在小组和全班中或在网络上进行展示与交流。

第3节 创客创作过程

● **情境**

在了解了创客和创客空间后，小新的脑袋里涌现出许多小想法，他想制作一个作品，去解决生活中的小问题。但是他却很苦恼，不知道该用什么形式去呈现这个作品，该如何规划整个制作过程。

● **问题**

如何规划作品的制作过程？

一、头脑风暴

1.形成创意

基于兴趣和观察，思考自己在生活、学习中遇到的问题，搜索、融合运用各学科的知识，激发创意灵感，如图1-13所示。

图1-13 创意灵感

【讨论】

说一说在生活中遇到的问题，以及想到的解决方案，并填入表1-7。

表1-7 生活中遇到的问题和解决方案

成员	遇到的问题	解决方案
成员1		
成员2		
成员3		

2. 确定项目

小组进行头脑风暴，讨论解决问题的方法，将多人的意见和建议进行综合，并简要设计实现的方法，总结形成创新点。

【实践】

进行小组讨论，确定要进行的创作项目，合理分工，通过资料查阅、调查研究，讨论可行的设计方案，并填写表1-8。

表1-8　讨论方案设计

问题描述	成员	方案设计
	成员 1	
	成员 2	
	成员 3	
	归纳	

二、项目策划

项目学习（Project-Based Learning，PBL），是一种基于项目的学习方式。其学习模式如图1-14所示。

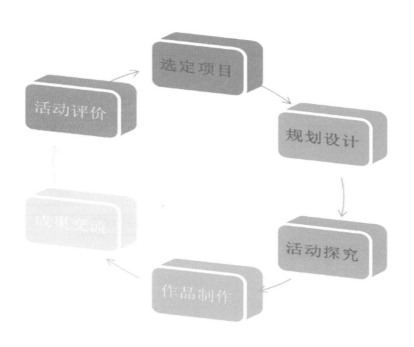

图1-14　项目学习模式

创客教育系列丛书　小学第三册

选定项目后，我们要进行项目的规划设计，包括前期调研、知识探究、作品的功能分析、材料准备等，以实体创客作品"智能门"为例，其项目规划如图1-15所示。

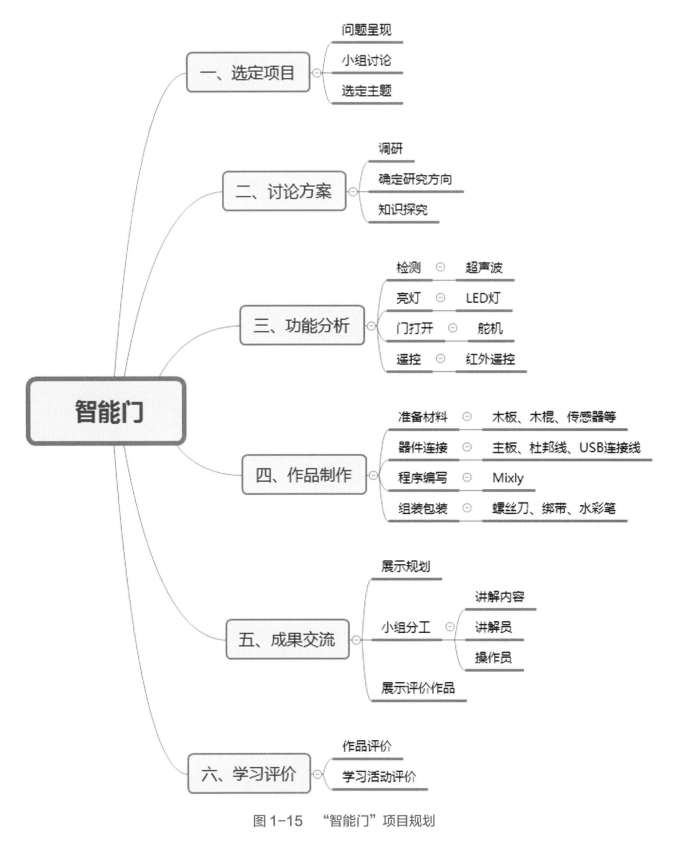

图1-15 "智能门"项目规划

【实践】

进行小组讨论，形成初步规划，使用表格或思维导图，呈现项目规划。

三、项目实施

1. 项目调研

通过对生活现象的观察，选择有意义的研究方向，进行必要的项目调研，制定有效的客户需求和功能分析，如图1-16所示。

图1-16　项目调研

2. 知识探究

确定研究方向之后，进一步对生活现象进行分析、归纳，通过查找资料、自主探究、头脑风暴等方法，对项目进行知识探究，明确项目的深层应用意义，如图1-17所示

图1-17　知识探究

3. 作品创作

实体作品制作包括以下几个步骤：准备材料，结构搭建，程序设计，包装美化。独特的创意、清晰的思维、大胆的实践，帮助你创造出一个有意义的创客作品，如图 1-18 所示。

图 1-18　创客作品制作

4. 测试完善

作品制作完成后，需在小组内进行运行测试，并修改完善。也可提供给他人试用，并收集反馈意见，进行进一步完善，如图 1-19 所示。

图 1-19　作品测试完善

【实施】

3 人一组，对小组选定的项目进行前期调研，分析创客作品需具备的功能，填写表 1-9。

表 1-9　分析创客作品需具备的功能

项目名称			
小组成员			
调查地点		调查时间	
调查内容			
功能分析			

【展评】

各小组运用数字可视化工具，将所完成的小项目的初期成果，在小组和全班中或在网络上进行展示与交流。

第4节　作品呈现与评价

● 情境

通过项目制作，小新和他的学习伙伴完成创客作品"智能门"的制作，作品实现预期设计，小新特别开心。龙华哥哥鼓励小新在班级里进行分享，展示创意和创作过程，收获共享的快乐。

● 问题

小新：如何分享、评价创客作品？

龙华：乐于分享，是创客精神的有效表达形式，是创客制作过程中的重要环节。在造物的

创客教育系列丛书　小学第三册

过程中，创客们的合作和分享，让创客运动的作用和意义上升到历史新高度。

一、作品展示

1. 前期准备

在创客作品展示会上，各小组可以展示各自的创意和作品，配合演示文稿进行讲解，将各自的创意进行充分的分享。在展示前，我们须归纳作品主题，对作品的内容进行整理，以达到更好的呈现效果。

【实践】

请在创客作品分享前，整理思路，对展示内容进行归纳，做好展示规划，并制作成演示文稿。请填写表1-10。

表1-10　创客作品展示规划表

作品主题：＿＿＿＿＿＿＿＿＿＿　　作者：＿＿＿＿＿＿＿＿＿＿

项目	文字表述	图片资料
创意来源		
项目规划		
制作过程		
作品呈现		
创新之处		

2.作品介绍

龙华：为了在介绍作品的时候有条理、重点突出，小组成员要认真地做好准备工作。谁来讲解？谁来展示作品？怎样讲能更吸引人？小组进行讨论，落实小组分工，提高学习效率。

小组分工讨论如图 1-20 所示。

图 1-20　小组分工讨论

【讨论】

小组讨论，确定分工，落实每个组员的任务，完成表 1-11。

表 1-11　创客作品展示小组分工

任务	要求	负责人
文稿准备	简洁，重点突出	
讲解员	流畅、有条理，动作神态适当	
作品演示	演示及时，配合默契	

二、学习评价

1.分享与评价

组员分工合作，展示小组创客作品，讲解作品的创意来源、项目规划、制作过程及创新之处等，如图 1-21 所示。

图1-21 小组展示创客作品

其他小组成员认真听取该小组对作品的展示、讲解，依据创客作品评价标准，对作品进行星级评价，提出适当的建议，并投票评选出优秀作品，如表1-12所示。

表1-12 创客作品评价参考标准

项目	标准	星级（★★★★★）
主题	主题突出，有创新点	
创意	创意新颖，规划合理	
制作	结构稳固，功能完整	
外观	整洁、美观	
讲解	讲解清晰，演示顺畅	

2. 完善作品

通过作品展示及评价，同学们共同欣赏学习成果，交流学习经验，提高自身的实践能力和创新思维。在评价作品的过程中收集修改意见，以不断完善作品，促进作品的更新迭代。这正是创客精神内涵的体现，如图1-22所示。

3. 活动评价

回顾创客作品的设计和制作过程，请同学们根据自己的学习情况，完成下面的学习评价表，在各项学习目标对应的"是"或"否"栏目中打"√"，如表1-13所示。

创客教育系列丛书 小学第三册

图1-22 完善作品

表1-13 学习评价表

学习目标		是否达到目标	
		是	否
我学会了	1. 我了解创客的基本知识		
	2. 我会对创客制作进行项目规划		
	3. 我会用材料进行创客作品搭建		
	4. 我能规范使用各种制作工具		
	5. 我掌握传感器的综合运用		
	6. 我会用软件实现功能设计		
我会学	1. 我乐于观察，善于分析		
	2. 我能实现作品的功能，整体效果好		
	3. 我会和同学协作学习，共享学习经验		
	4. 我会利用网络、课本等资源进行探究学习		
	5. 我能进行自评和他评		
我爱学	1. 我主动参与学习，与老师、同学交流		
	2. 完成项目制作后，我感受到成功的喜悦		
	3. 我体验到创客制作对解决问题的帮助		
	4. 遇到问题时，我思考并大胆实践		
	5. 我努力设计作品中的创新点		
	6. 我愿意分享我的创意和智造过程		

本章扼要回顾

同学们通过本章的学习,根据"创客通识"的知识结构图,扼要回顾,总结、归纳学过的内容,建立自己的知识结构体系,如图 1-23 所示。

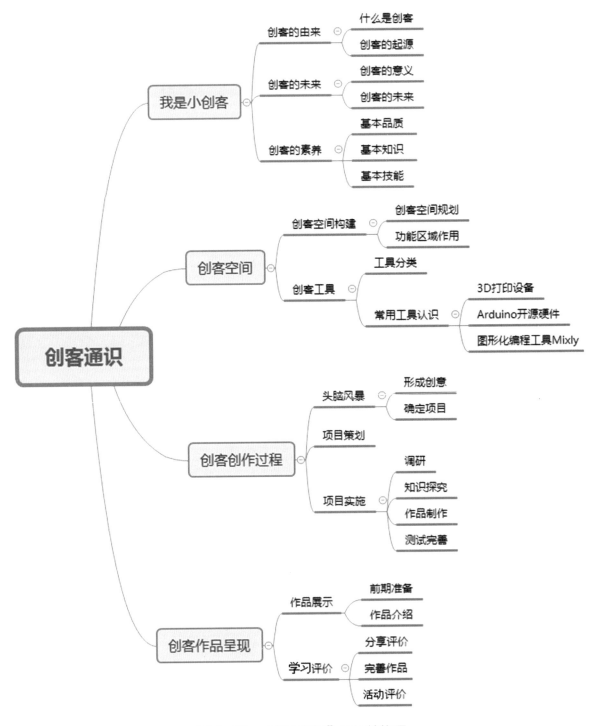

图 1-23 "创客通识"知识结构图

回顾与总结

创客教育系列丛书

小学第三册

第 2 章

畅想创作

同学们，科幻故事来源于想象。可是想象并不是毫无根据地胡思乱想。拟人化的小动物们依然应该保留着它们原来的特征：比如蟋蟀变成了音乐家，蝴蝶变成了舞蹈家。想象也应该建立在科学常识的基础上：如未来的汽车能在哪些地方行驶？为什么它能在这些地方行驶？只要多观察并激发出想象的灵感，我们也可以创作出很多美妙的故事。

本章为"畅想创作"，通过"20 年后的城市"项目，引领同学们进行自主、协作、探究学习，让同学们认识畅想创作的意义，了解创意的来源，探索如何定义问题从而确立创意，学习如何讲好一个故事，运用多媒体工具去创编故事从而呈现创意，通过自己亲身创作科幻故事或创意创作促进创新思维的发展，从而完成项目学习目标。

项目范例：20 年后的城市

● **情境**

　　小龙去拜访一位深居简出的老科学家南爷爷，南爷爷对小龙的到来感到格外开心，带他去实验室参观。突然，门外传来了急促的敲门声，南爷爷赶紧出去开门，留下小龙一个人待在实验室，他对实验室里琳琅满目的装置很好奇，小龙无意间触碰到一个红色按钮，只见一道暗门缓缓打开，小龙情不自禁地走进门中，忽然，一道金光闪过，小龙被一股神秘的力量推进了时空隧道中……

● **主题**

　　20 年后的城市。

● **规划**

　　根据项目范例的主题，在小组中组织讨论，制定相应的项目学习规划，例如：

　　20 年后，世界上有哪些新的东西？

　　20 年后，世界上的科幻故事应该以什么方式来呈现？

　　小组成员分工与研究进度怎样安排？如何分享创意？

● **探究**

　　根据项目学习规划的安排，通过调查和案例分析，进行文献阅读或网上搜索资料，开展"未来世界"项目学习探究活动，如表 2-1 所示。

表 2-1　"20 年后的城市"项目学习探究活动

探究内容	探究活动	知识技能
畅想规划	获取创意	明确畅想创作的要求，学会获取创意
	确立创意	
探究学习	如何讲故事	掌握讲故事的 LOCK 原则，学会使用多媒体创作工具
	多媒体创作工具	
创作分享	作品整体规划	学会对创作作品进行整体规划，对作品进行表达与分享
	成果展示与分享	

● **实践**

　　实施项目学习各项探究活动，了解畅想创作的要求，掌握畅想创作的方法和技能。

● 成果

在小组开展项目范例学习过程中，梳理小组成员在学习活动中的观点、建立观点结构图，运用多媒体创作工具（如演示文稿、在线编辑工具等），综合加工和表达，形成可视化学习成果（如项目研究报告、科幻故事），并通过各种分享平台发布。

● 评价

根据本书附录的"项目活动评价表"对项目范例的学习过程和学习成果，在小组和全班中或在网络上开展交流，进行自评和互评。

● 项目选题

请同学们以 3 ～ 6 人组成一个小组，选择下面一个参考主题，或者自拟一个自己感兴趣的主题，开展一个项目学习：

主题一：20 年后的我

主题二：20 年后我的家

主题三：20 年后我的家乡

自选主题：_____

● 项目规划

各小组根据本组的项目选题，参照项目范例的样式，利用思维导图工具，制定相应的项目方案。

● 方案交流

各小组将完成的方案在班级中进行展示交流，师生根据交流情况，按照下面问题的指引，共同完善本组的研究方案。

我们小组的方案的优点是 _____

_____

我们小组的方案还需要补充的地方有 _____

我认为还有更好的方案，我们可以（怎么做）_____

_____

● 探究活动

请同学们通过本章各节中一个个小项目的探究、合作学习，为实施你们的大项目计划做好充分的知识、技能储备。

第 1 节　畅 想 规 划

有时候，我们会有一些有创意的想法，我们应该如何表达出来分享给同学们，让大家一起来评价我们的创意呢？通过畅想创作就可以帮助我们表达创意并且分享创意。

一、畅想创作简介

1. 意义和活动

畅想创作的意义主要是培养我们对科学技术的兴趣、学会创造多媒体科幻小说、参与小组合作、享受快乐学习。

课程的主要活动包括选择角色、分组、讨论如何讲好故事，学习多媒体创作工具，使得我们的作品或创意表达更具有科学性和实用性。某科幻作品中外星生物的造型如图 2-1 所示。

图 2-1　外星生物

2. 最后作品

畅想创作的最后作品的呈现形式是多媒体作品，可以是漫画、动画，也可以是微视频、海报等。多媒体作品可以包含文字、图片、动画、游戏、音乐、漫画等，如图 2-2 所示。

3. 科学主题

科幻创作具有科学性和幻想性。只有具备一定的科学背景，才可能有来源于现实或高于现实的想象，否则不是科幻，只是空想。

课程的科学主题由各个小组自己选定，可以参考以下主题：气候变化、智能生活、电子产品的设计与制作、绿色能源等，如图 2-3 所示。

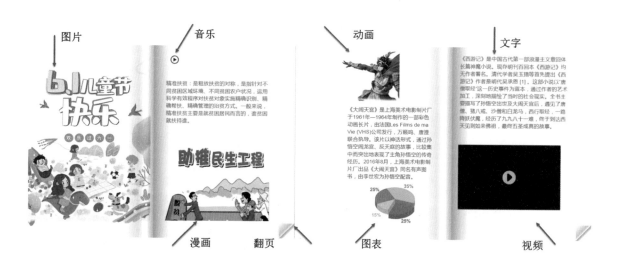

图 2-2　作品元素

图 2-3　加入科学主题

4. 角色扮演

每个人在社会上都有一个属于自己的角色，在畅想创作的作品中也不例外。每个组至少有一个设计师、一个科学家、一个作家，当然，还可以包括演说家、采访者、协调员等角色。虽然每个人都有自己的角色，但是每个角色一定要在小组内与其他成员合作来创作作品，并且小组组员间可以协商改变角色。另外，小组组员可以选择多个角色，如一个组员可以选择主要任务是当设计师的同时，也可担任科学家的辅助角色（设计师／科学家）。

二、科幻小说范例赏析

《海底两万里》的作者是被誉为"科幻小说之父"的法国作家儒勒·凡尔纳。《海底两万里》展现了一本科幻小说所拥有的惊险和奇幻元素，通过阅读这部趣味盎然、悬念迭出的科幻小说，

学习作者丰富的想象力、巧妙的构思能力、生动的语言组织能力，尝试着去创作一些奇妙有趣的科幻作品。《海底两万里》剧照如图2-4所示。

图2-4 《海底两万里》剧照

1. 跌宕起伏的情节

整个故事的构思很巧妙，充满了奇特的幻想，情节惊险离奇，画面多姿多彩，读来既使人赏心悦目，也令人惊心动魄。小说的线索清晰明朗：发现海怪→追逐海怪→被囚禁于鹦鹉螺号→海底探险→逃出鹦鹉螺号。曲折动人、瞬息万变的人物命运，深深地吸引着每一位读者。

2. 科学知识

这是一篇科学幻想小说，它是在一定的科学研究基础上的推测和预言，科学与幻想的巧妙结合：神奇的鹦鹉螺号、奇幻的海底美景、险象环生的海底世界。书中介绍了大量的科学文化知识和地理地质知识，尤其是光的折射、珍珠的分类和采集、潜水艇的构造……我们感叹作者儒勒·凡尔纳的想象力，竟能在还未发明电灯的时代预料到未来世界，把科学与故事结合，创造出一个神奇的海底世界。

【思考】

《海底两万里》是一部科幻小说，这本书最吸引你的地方是什么？书中有哪些科学幻想已经变成现实？通过这些事例你能看出科幻小说与科技发展的某些关系吗？

三、寻找创意

"创意"就是创立新意，而新意既包括新思想、新观念和新想法等，也包括新意象、新形象和新表象等，如图2-5所示。如何寻找创意呢？可以从以下几个方面去尝试。

图 2-5　创意

1. 观察与思考

　　回想我们每天的学习和生活，你觉得有哪些地方是你不满意的？哪些地方是你觉得可以改进的？可以去商场和超市，看看里面的文具或日用品哪些是你用不习惯的。试着拿起一个工具，认真观察，多问为什么。这些可以改进或者改善的地方，也许就是你创意的来源，如图 2-6 所示。

图 2-6　细心观察

2. 定义问题

　　创意是建立在"试图解决哪个问题"上的，这是起点。你需要带着问题去寻找新想法。每一个好的想法都是针对明确问题的解决方案。把创作的过程比喻成一个施工过程。问题是创意的基础，用沙子做基础，你的创意就会坍塌。建立在坚实的基础上，你的想法更容易实现。花时间研究透彻问题，就等于脚踩在坚实的地面上。要做到这一点，你必须弄清楚你到底要解决什么问题，如图 2-7 所示。

图 2-7 定义问题

3. 借用

好的创意真的是无中生有，好像从天而降一样吗？其实不是这样的。先模仿，再创造，从具有类似问题的其他领域借用想法，所有的辉煌都是这样借来的。

既然新的创意建立在现有创意的基础上，那么"借用创意"的第二步是寻找旧的创意。比如，你想设计一款自动浇花的装置，你可以先去看看别人已经设计好的自动浇花装置是怎么样的，你也可以去研究那些与装置无关的领域或人，如园丁、养花人等。一旦你得到了这些材料，就能通过奇特的组合，构建你自己的创意方案，如图 2-8 所示。

图 2-8 借鉴

4. 创新

在借鉴的基础上继续创新，改善借鉴对象的不完美之处。将你借鉴来的创意进行联结和组合，把组合孵化成一个解决方案，找出解决方案的优点和缺点，然后发挥优点的同时，消除不足之处，如图 2-9 所示。

图 2-9   创新

四、提出畅想

在所有组员都借助书籍或网络寻找到了自己想要了解的信息之后，就可以通过头脑风暴的方式进行畅想。

1. 无拘无束、畅所欲言

我们在心理上应该排除任何戒备、顾忌和干扰心理，开拓思路、放松思想，让思维围绕着"20年后的城市"这个主题进行天马行空、异想天开的畅想；从不同角度、不同方位、不同层次尽可能标新立异地表达自己的观点。不用担心自己的观点是片面的、错误的、荒谬的。如图 2-10 所示为畅想的蘑菇房子。

图 2-10   蘑菇房子

2. 在讨论中建立新观点

激发集体思维、碰撞不同观点是"头脑风暴法"最大的功效体现。每一位参与者都要从他人的设想中激励自己，从中得到启示，或补充他人的设想，或将他人的若干设想综合起来提出新的设想等。

3. 从数量到质量

每一位参与讨论的同学都应该尽量多地提出自己的设想，表达自己的观点，抓紧时间集中思考，在"风暴"阶段把自己头脑中能想到的点、线、面都表达出来，数量越多，产生高水平创意畅想的概率就越大。

【阅读】

"头脑风暴法"是一种思维方法，一群人围绕一个特定的兴趣领域，自由无限制地思考、联想和讨论，汇聚集体智慧，激发创造性思维、产生新观点的过程。由于讨论采用无拘束规则，人们就能够更自由地思考，进入思想的新区域，从而产生很多新观点和解决问题的方法。当参加者有了新观点和想法时，便大声说出来，然后在他人提出的意见和建议之上建立新观点，所有的观点都被记录下来，只有头脑风暴结束的时候，才对这些观点和想法进行评估。头脑风暴如图 2-11 所示。

图 2-11　头脑风暴

五、规划样板

万事开头难，要做好探究活动，首先要对"20年后的城市"有一个全方位的了解，明确有什么内容值得我们深入探究。

1. 主题细分

"20 年后的城市"是一个比较大的主题，在这个主题之下，有很多的分支主题值得我们去进行分解，从而把一个大的问题分解成几个小的问题，通过将小的问题各个击破，从而实现最终对大的问题的解决。

20 年后的城市里，我们的生活是怎么样的？可以从衣、食、住、行四个方面进行分解。以"行"这个小主题来说，又可以从交通工具、出行方式、叫车以及停车等方面进行再次细分。从"停车"来说，我们又可以从天上飞的、地上跑的、水里游的等方面来进行第三次细分。如图 2-12 所示，铅笔飞行器如何起飞？如何停靠？

图 2-12 铅笔飞行器

20 年后的城市里，我们的学习或工作又是怎样的？关于学习，可以从在校学习、在家学习、预习、自习、复习、考试等方面进行畅想。以"在校学习"这个小主题来说，可以从上课、课中、课后等方面进行再次细分。从"课中"来说，我们又可以从听课方式、互动方式、课堂效果等方面来进行第三次细分。

20 年后的城市主题细分如图 2-13 所示。

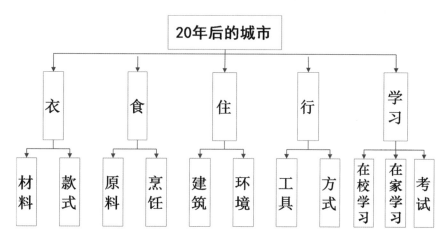

图 2-13 主题细分范例

2. 方案设计

在创作畅想作品之前，首先要对作品进行方案设计，包括作品的结构设计、所需素材和总体风格等，然后确定作品中各部分的内容组成以及连接方式等。

（1）主题：20 年后的城市。

（2）内容简介。

主人公小龙通过时光隧道来到了20年后的城市，在这里他见到了20年后城市里的人和景观，体验到了生活发生的翻天覆地的变化，感受到了 20 年后城市的奇幻。他通过自己的努力，获得了太空专家的帮助，最终又回到了现实中的城市。

（3）项目计划书。

"20 年后的城市"项目计划书如表 2-2 所示。

表 2-2 "20 年后的城市"项目计划书

小组名称		项目主题	
要解决的核心问题			
情节概要	发现机器怪兽→追逐怪兽→困于 20 年后的城市→城市探险→回到现实城市		
科学知识	建筑结构、飞行器中的仿生学		
呈现方式	多媒体故事		
表达工具	Scratch 或 Flash		

3. 实施计划

有了想法，有了创意，定下了主题和呈现方式以及表达工具等之后，接下来就是要制订实施计划，以便整个项目能够按时完成。项目实施计划表如表 2-3 所示。

表 2-3 项目实施计划表

环节名称	负责成员	开始时间	完成时间

4. 分工协作

组成 3 ~ 5 人的小组，每个组员扮演 1 ~ 2 个以下角色：①设计师；②科学家；③作家。尽管你们扮演不同的角色，但你们每个人都需要互相帮助，在小组内协同合作完成一个多媒体科幻小说，并填写表2-4。

表2-4　组员分配表

组名		科学主题	
组员	姓名	角色	
组长			
组员1			
组员2			
组员3			
组员4			

创客教育系列丛书

小学第三册

【实践】

各小组根据项目选题及拟定的项目方案，结合本节所学知识，进一步修订、完善项目方案，按照项目进度实施相关活动。

第2节　探究学习

● 情境

当小龙睁开眼睛的时候，面前站着一个机器人巡警罗伯特。小龙惊魂未定，一问才知道原来他来到了20年后的城市……罗伯特对小龙说：你把你来这里的经历编成一个故事，讲给我听。如果你的故事能打动我，我就放你走。否则我就把你关起来……

● 问题

小龙应该如何讲好故事？

一、如何讲好故事

当你想要向别人表达你的创意或想法时，如果能用一个非常有吸引力的故事来表述，往往会事半功倍，因为大家都爱听故事，讲故事的场景如图2-14所示。那如何讲一个好的故事呢？一个完整的故事应该具备哪些要素呢？

图2-14 讲故事场景

【阅读】

好故事的 LOCK 原则

读者喜欢一本小说的原因只有一个：它讲了一个很棒的故事。阅读时大家都会问：这个故事在讲什么？发生了什么事情？为什么我要读下去……这些问题都与情节相关。如果你希望你的故事能吸引人，你就必须学着提供完美、意外又令人满意的答案。詹姆斯·斯科特·贝尔是创意写作高手，他总结出好故事的一个简单且重要的原则，即 LOCK 原则。

L（Lead）代表主角，稳固的情节永远始于有趣的主角。最好的情节中，主角必须引人注目，吸引我们从头到尾都盯着他瞧。如《西游记》中的孙悟空，如图2-15所示。

图2-15 孙悟空

O（Objective）代表目标，目标是小说的动力，驱动故事前进，避免主角原地踏步。如果主角的目标和保命有关，肯定可以吸引读者。大部分悬疑小说的主角从一开始就面临死亡威胁。电影《流浪地球》中，太阳即将毁灭，已经不适合人类生存，而面对绝境，人类开启了"流浪地球"计划，试图带着地球一起逃离太阳系，寻找人类新家园，如图2-16所示。

图2-16 《流浪地球》剧照

C（Confrontation）代表冲突，读者偷偷渴望的一件事情就是：担心。读者会为主角担心，所以，在情节中制造冲突，这样才能让读者从头到尾深深地投入到故事当中。"三打祝家庄"是小说《水浒传》中的故事情节，也被认为是《水浒传》中最精彩动人的故事之一。这个故事侧重于描写事件和矛盾，描写战略、战术和解决矛盾的办法，跌宕起伏的情节引人入胜，如图2-17所示。

图2-17 《三打祝家庄》剧照

K（Knockout）代表冲击结尾，带领你的主角走上达成目标的旅程，大团圆的结局也得以实现。《小兵张嘎》中的嘎子奉命进城侦察时被捕，当部队攻打岗楼时，他设法在里面放火，里应外合，全歼日军，救出了钟亮，也替奶奶报了仇，如图2-18所示。

当我们心中有LOCK这个基本原则后，在日常生活中，可以稍微留意一下：你每次听到的故事，为什么会吸引你？它是怎样开头的？角色有什么很特别的特征？他有目标吗？他在实现目标的过程中，碰到什么困难？最终结局如何？是实现目标还是逃避目标了？

图 2-18　小兵张嘎

【思考】

你们小组的故事主题是什么？该故事中的主要人物有哪些？故事主要情节是什么？

二、多媒体创作

故事构造得好，再用多媒体来呈现，就会更具吸引力。

1. 多媒体的概念

将文本、图片、声音、动画、视频中的任何几种进行有机组合，就能得到新奇、美观而且交互性强的多媒体作品。多媒体作品的表现形式越精彩丰富，其所表现的内容就越让人印象深刻。

如果你善于发现，生活中处处都有美好的画面，这些画面可以来自你旅游时的风景、和同学间的游戏、一部电影或一首歌曲，这些都是很好的制作多媒体作品的素材，如图 2-19 所示。

2. 什么是多媒体创作

多媒体创作是指综合利用文本、图像、声音、动画、视频等多种媒体进行作品创作。

3. 多媒体创作工具

1）Flash

Flash 是一款操作简单、容易上手的动画制作软件，能够轻松地制作动画故事、互动游戏、MTV 等。学好 Flash，我们也能将自己的创意展现出来，成为"动画故事达人"。Flash 的界面如图 2-20 所示。

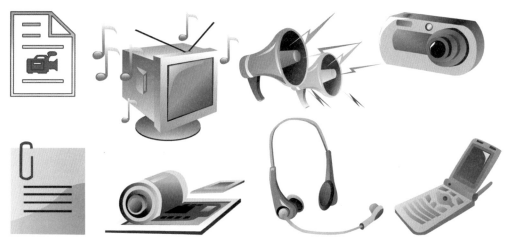

图 2-19　多媒体

图 2-20　Flash 动画创作

2）Scratch

　　Scratch 是 MIT 媒体实验室"终身幼儿园"团队（Lifelong Kindergarten Group）开发的一个免费产品。使用 Scratch，你可以编写属于你的互动媒体，像是故事、游戏、动画，然后你可以将你的创意分享给全世界。Scratch 特别为 8 ～ 16 岁的孩子设计，但几乎所有年龄的人都在使用它。Scratch 帮助孩子们更具创造力、逻辑力、协作力。Scratch 在线创作的界面如图 2-21 所示。

图 2-21　Scratch 创意制作

三、动画制作工具 Flash

1. 从模板创建动画

在 Flash 中单击"动画"按钮，如图 2-22 所示。

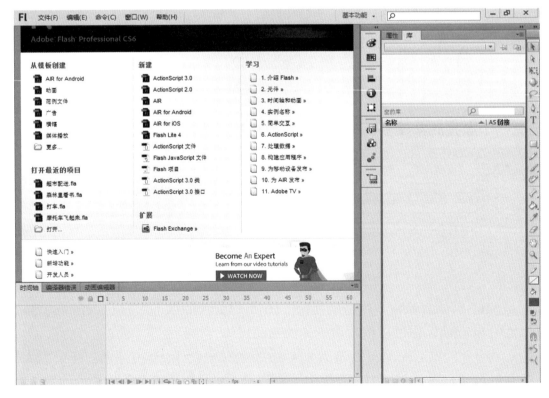

图 2-22　单击"动画"按钮

2. 选择 ActionScript 3.0

在 Flash 文档窗口中创建一个新的 FLA 文件（*.fla），将会设置 ActionScript 3.0 的发布设置。使用 FLA 文件设置为 Adobe Flash Player 发布的 SWF 文件的媒体和结构，如图 2-23 所示。

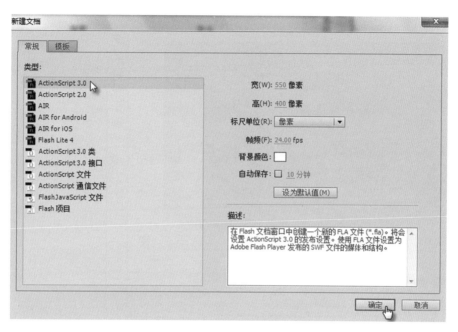

图 2-23　选择 ActionScript 3.0

3. 制作动画

将背景图片导入到舞台，调整图片大小以适应舞台大小。新建"鱼儿"图层，将"鱼儿"图片导入到舞台或库，如图 2-24 所示。

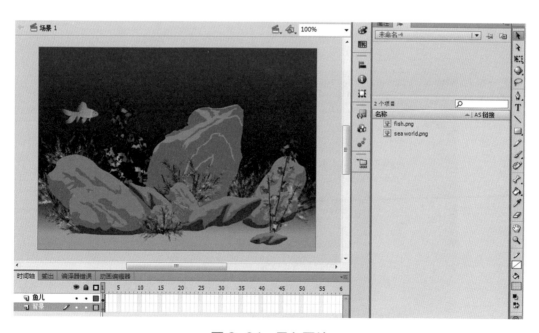

图 2-24　导入图片

选中"鱼儿"层的第 40 帧，单击右键，选择"插入关键帧"，将"鱼儿"移动到舞台的右下侧，选中"鱼儿"层 1 ~ 40 帧中的任意一帧，单击右键，选择"创建传统补间"。选中"背景"层的第 40 帧，单击右键，选择"插入帧"。按下键盘上的 Enter 键，我们发现鱼儿可以游动了，如图 2-25 所示。

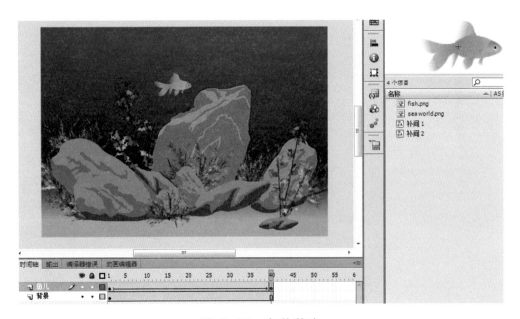

图 2-25　鱼儿游动

4 . 听话的鱼儿

我们可以预先设定路线，让鱼儿沿着这条路线进行游动。在"鱼儿"层上单击右键，选择"添加传统运动引导层"，选中"引导层"的第一帧，利用铅笔工具随意绘制一条路线。在"鱼儿"层的第一帧，拖动鱼儿的中心点到与路线的起点重合；在"鱼儿"层的最后一帧，拖动鱼儿的中心点到与路线的终点重合，如图 2-26 所示。

图 2-26　引导线

5. 动态的海底效果

要想作出动态的海底效果，可以使用"遮罩层"来实现。遮罩动画是 Flash 中的一个很重要的动画类型，很多效果丰富的动画都是通过遮罩动画来完成的。在 Flash 的图层中有一个遮罩图层类型，为了得到特殊的显示效果，可以在遮罩层上创建一个任意形状的"视窗"，遮罩层下方的对象可以通过该"视窗"显示出来，而"视窗"之外的对象将不会显示，如图 2-27 所示。

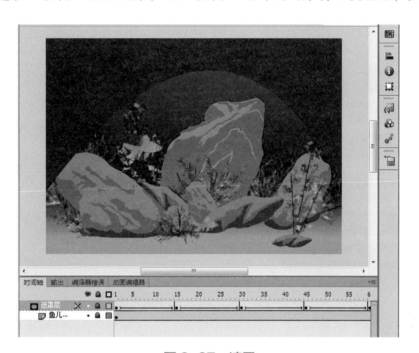

图 2-27　遮罩

四、用 Scratch 创作故事

Scratch 在线编程界面如图 2-28 所示。

图 2-28　Scratch 界面

创客教育系列丛书　小学第三册

我们也可以下载桌面版的 Scratch，安装在计算机上，双击打开 Scratch Desktop，界面如图 2-29 所示。

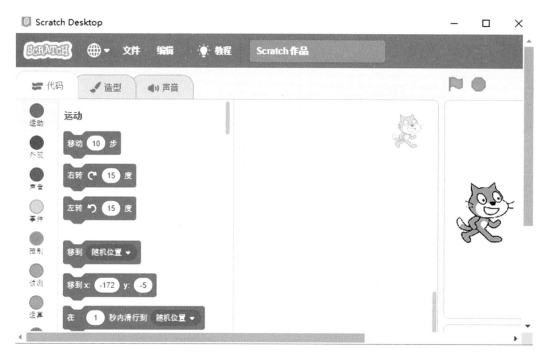

图 2-29　Scratch 桌面版界面

第一步，先设置背景，如图 2-30 所示。

图 2-30　设置背景

第二步，选择角色，如图 2-31 所示。

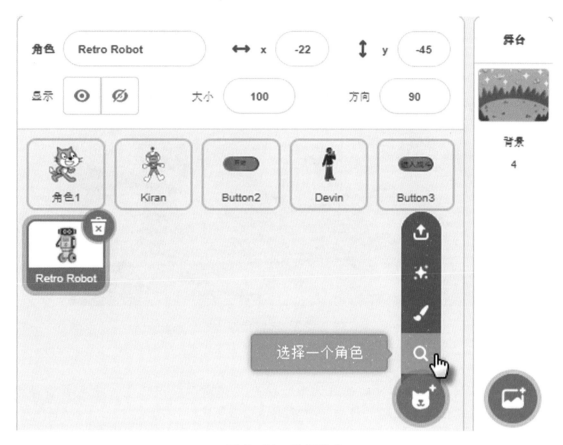

图 2-31　选择角色

第三步，单击 代码 切换到代码窗口，可以对角色进行动作、外观、声音等方面的设计，如图 2-32 所示。

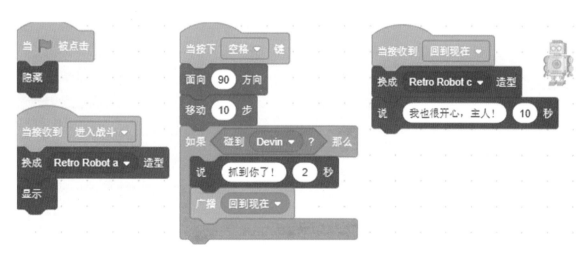

图 2-32　机器人代码

第四步，继续设计和实现预先设定的情节，如图 2-33 所示。

图 2-33　运行程序

【实施】

请根据本组的项目选题及拟定的项目方案，结合本课所学知识，进一步完善项目方案中的各项学习活动。撰写本组选定主题的报告，并填写表2-5。

表 2-5　项目实施日志

流程	事项	工作日志
1	小组分工	
2	搜集资料	
3	开展调研	
4	资料整理	
5	资料补充	
6	撰写报告	

第3节 创作分享

● **情境**

　　在未来城市里生活了一段时间，小龙非常想念自己的家人和朋友，他迫切希望回到自己的时空，于是，他辗转找到了未来城市的太空专家，请求专家们帮自己回家。太空专家告诉小龙：你需要创作一个多媒体科幻故事，并向大家展示。如果专家组认可了你的故事，就会帮助你早日回家。

● **问题**

　　如何确定科幻故事的主题？怎样围绕主题进行方案规划和设计？

一、规划项目

1. 确定主题

　　我们在日常生活中肯定会遇到这样或那样的问题，对于这些问题，我们有哪些自己认为可行的解决方案？

　　我们能否借助于多媒体创作工具，将我们天马行空的创意想法展示出来？例如，你对未来的生活有哪些期待，20 年后的你将会是怎样的？如果你想设计一款智能的学习装置，你会如何去设计制作？

　　同学们可以 3 ～ 6 人组成一个小组，选择下面一个参考主题，或者自拟一个自己感兴趣的主题，开展项目学习活动。

　　（1）20 年后的城市。

　　（2）20 年后的我。

　　（3）智能防近视装置。

2. 项目规划

　　各小组根据本小组的项目选题，开展头脑风暴，利用思维导图或其他数字工具梳理小组成员在"头脑风暴"活动中的观点、建立观点结构图，制定相应的项目方案。

　　要求项目方案包括以下内容。

　　（1）项目主题及项目创意。

　　（2）项目规划结构图及文字说明。

　　（3）小组成员分工。

　　（4）项目进度安排。

3. 方案交流

各小组将完成的方案在全班中进行展示交流，师生共同探讨、完善相应的项目方案。

【交流】

制定了项目方案，你认为还有哪些知识技能是自己所欠缺的？在小组内交流讨论。

二、开始创作

按照事先确定好的规划，分工合作进行作品的创作。我们需要搜集作品所需要的素材，分类整理好，对于作品的组织形式也要有统一的认识。

各小组根据项目选题及拟定的项目方案，结合前面所学知识，进一步完善该项目方案中各项学习活动，完成项目作品，撰写相应的项目展示报告。

1. 创作动画故事

通过导入背景图片，插入图形元件等进行动画故事的舞台布置。然后设置相应的动画效果，如"20年后的城市"的第一个场景：机器人监督下的"智能配送"动画，如图2-34所示。

图2-34　智能配送

2. 制作其他场景

通过插入新场景，并按照事先设定的剧本进行"20年后的城市"的其他场景的制作。衣食住行方面，20年后的城市会是怎样的呢？穿衣方面，如可以随意更换颜色的衣服，如图2-35所示。食物方面，机器人采摘新鲜蔬果供我们食用，如图2-36所示。居住方面，我们居住在冬暖夏凉的智能房子里，如图2-37所示。出行方面，我们出门随时打到可以飞行的"飞的"，如图2-38所示。

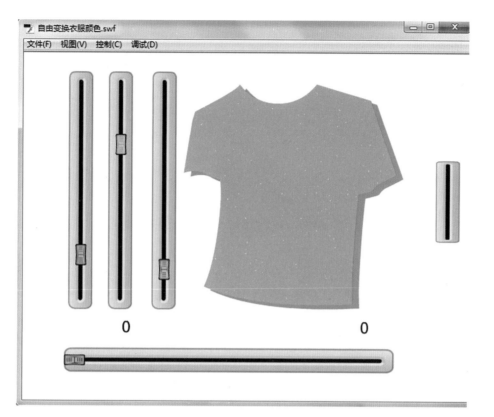

图 2-35　衣

图 2-36　食

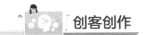

图2-37 住

图2-38 行

3. 发布动画

继续单击插入场景，制作其他页面，按照小组事先设定的故事情节和人物角色，完成整个动画的制作，直到所有的页面都已经制作完成后，选择 发布(B) 命令，完成动画故事的创作，如图 2-39 所示。

图 2-39 发布动画

三、分享

作品制作完成之后，各个学习小组要相互进行分享交流，交流学习过程中的经验和体会，分享作品制作的成功和喜悦。成果交流的形式多种多样，如展览会、报告会、辩论会、小型比赛等。请将所完成的项目学习报告在小组和班级中进行展示和分享。

1. 分享方式之一：张贴海报

海报这一名称，最早起源于上海，同广告一样，海报通过版面的构成在第一时间将人们的目光吸引，并获得大量的关注。比如，电影在上映之前，都会制作精美的海报来进行广泛的宣传，用于介绍推广电影，以吸引观众前去观看电影。

【实践】

在分享作品的过程中，我们可以用海报的形式来对我们的创意故事进行宣传展示。海报的制作，可以选用 Photoshop。

打开桌面的 PS 图标，新建海报文件，使用移动工具，将相关图片移动到"未来城市－海报"中，适当地加入文字，最后效果如图 2-40 所示。

图2-40 海报效果

2.分享方式之二：制作微视频

微视频，可以围绕某一主题，通过手机拍摄或专业摄影、摄像，再利用视频剪辑、编辑加工工具，使用组合镜头、声音处理、镜头切换等效果进行制作。

【实践】

结合自选项目主题，将你们的创作过程，以微视频的形式进行分享，适当地加入背景音乐和字幕，用短小精悍的视频来分享你们创作过程中的成功与喜悦。如图2-41所示为用movie-maker创作微视频的界面。

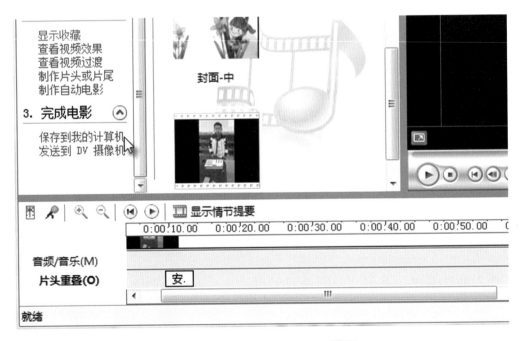

图2-41 movie-maker界面

3. 分享方式之三：演讲

演讲又叫讲演或演说，是指在公众场合，以有声语言为主要手段，以体态语言为辅助手段，针对某个具体问题，鲜明、完整地发表自己的见解和主张，阐明事理或抒发情感，进行宣传鼓动的一种语言交际活动。演讲场面如图 2-42 所示。

创客教育系列丛书 小学第三册

图 2-42　演讲

1）假设自己是听众

当你在准备演讲材料的时候，不妨把自己放在听众的位置上问一问："听众喜欢听什么？""我讲的和主题有关吗？""内容能在规定的时间内讲完吗？"了解你的听众，了解他们可能的兴趣点，就可以在演讲中有意识地穿插他们熟悉的内容，从而抓住他们的兴趣点。

2）展现你的激情

当你在演讲中表现得自信满满，你就成功了一半。打起精神，向所有人展现你的激情。在不违背演讲主题的前提下，尽量在和听众保持目光交流的同时适当微笑，记住：微笑是最有"杀伤力"的武器。

3）使用肢体语言

演讲演讲，有演有讲，在演讲时要使用一些肢体语言。在我们平时说话的时候，说到激动处，都会情不自禁地使用一些肢体语言，演讲时也是，在不妨碍正常的舞台效果的前提下，适当地加入一些手势、一些面部的表情等，都会为你的演讲效果加分。

【交流】

认真思考这些问题，并在小组内交流、讨论。

1. 你演讲的目的是什么？听众的期望是什么？

2. 如果听众只能记住三条你介绍的东西，你希望它们是什么？

● 项目实施

各小组根据项目选题及拟定的项目方案，结合本章所学内容，进一步完善该项目方案中各项学习活动，并参照项目范例，完成项目作品，撰写相应的项目研究报告或学习报告。

● 成果交流

1. 各小组运用数字可视化工具，将所完成的项目成果，在小组和全班中或在网络上进行展示与交流。

2. 根据别人的建议，进一步优化方案，迭代改进，完善作品。

(1) 你的创意在你们的作品中得到了充分的体现吗？

(2) 你们创作的作品的科学性和实用性如何？

(3) 根据小组成员和其他同学的意见，对你们的作品进行修改。

(4) 你们又有什么新的想法？试着在作品中进行实现。

● 活动评价

各小组根据项目选题、拟定的项目方案、实施情况以及所形成的项目成果，根据本书附录的"项目活动评价表"，开展项目学习活动评价。

本章扼要回顾

同学们通过本章的学习，根据"畅想创作"的知识结构图，扼要回顾，总结、归纳学过的内容，建立自己的知识结构体系，如图2-43所示。

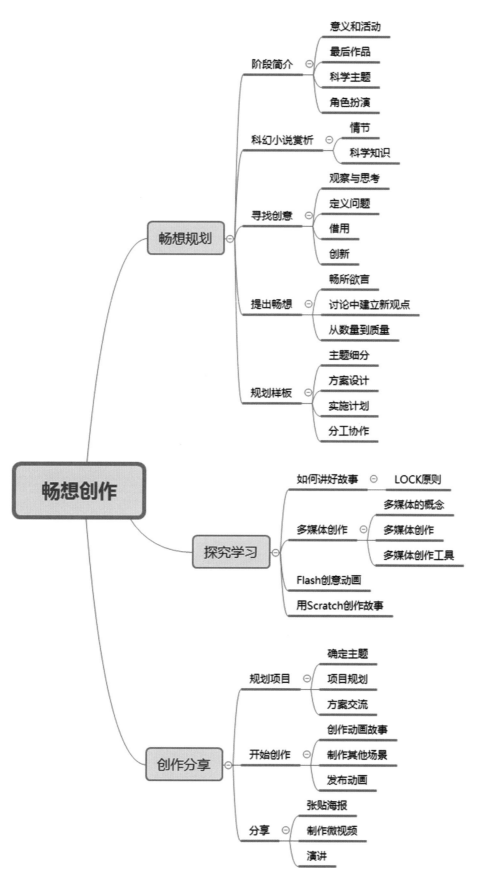

图 2-43 "畅想创作"知识结构图

回顾与总结

回顾与总结

第 3 章

创意制作

创意制作是指利用各种开源的器材，通过电脑编程、硬件搭建、造型设计等创作智能实物作品，如趣味电子装置、互动多媒体、智能机器等。鼓励在智能制造机器人、智能家居、智能穿戴、智能医疗等方面实现创意创新。

本章以"智能垃圾桶"项目为例，从 LED 灯、蜂鸣器、舵机、超声波传感器、光敏传感器、人体红外传感器等实验入手，开展自主、协作、探究学习，积累、提高解决问题的知识和技能，让同学们在此过程中经历提出想法、规划设计、探究学习、实施项目等步骤，体验创意实现的全过程，学会利用开源硬件设计、制作作品，并能据此将其应用到解决实际问题当中，将想法"活灵活现"地呈现出来。

项目范例　智能垃圾桶

● 情境

环保小组的同学们经过调查走访，发现小区的垃圾桶大多是需要用脚踩或者手动才能打开盖子投放垃圾的，不够智能。为了让小区居民能更方便地投放垃圾，为垃圾分类做好准备，大家决定一起来设计一款智能垃圾桶。

● 问题

智能垃圾桶。

● 规划

根据项目范例的主题，在小组中组织讨论，制定项目学习规划，例如：

1. 有哪些地方是可以改进和完善的？
2. 超声波如何测距？舵机如何控制？
3. 小组成员分工与研究进度怎样安排？如何分享创意？

● 探究

根据主题的指引和项目学习规划的安排，"智能垃圾桶"项目学习探究活动内容如表3-1所示。

表3-1　"智能垃圾桶"项目学习探究活动

探究学习内容	探究学习活动	知识技能
舵机的使用	利用主题网站查阅资料进行操作	认识舵机的基本原理和接线以及编程方法
超声波模块的使用	查阅网站资料、观察、测试	掌握超声波测距的使用方法
光敏电阻传感器模块的使用	查阅网站资料、操作、测试	掌握光线传感器的使用方法及确定阈值
人体红外感应模块	查阅资料、硬件测试、分析数据	掌握人体红外感应模块的用途及使用方法
程序调试和作品迭代	不断测试和改进	掌握作品系统测试和迭代的方法

● 实践

根据制作主题可能涉及的硬件，项目学习实践内容如表3-2所示。

表 3-2　实践内容

实践环节	内容
人体红外感应模块	1. 学会通过设置跳线切换触发模式。 2. 学会调节延时
超声波模块	1. 学会接线的方式 2. 学会测距的方法
舵机	1. 掌握接线的方法 2. 通过程序控制舵机
光线传感器	1. 学会查看光线值 2. 学会计算阈值
作品测试与改进	学会根据测试结果查找原因并解决问题

● **成果**

　　在小组开展项目范例学习过程中，梳理小组成员在学习活动中的观点、建立观点结构图，运用多媒体创作工具（如演示文稿、在线编辑工具等），综合加工和表达，形成可视化学习成果（如项目研究报告），并通过各种分享平台进行发布。

● **评价**

　　根据本书附录的"项目活动评价表"对项目范例的学习过程和学习成果，在小组和全班中或在网络上开展交流，进行自评和互评。

● **项目选题**

　　请以 3～6 人为一组，以解决身边小问题为出发点，从下列参考主题中选择一项进行项目探究学习。

　　主题一：自动汽车通行道闸

　　主题二：剪刀石头布游戏

　　主题三：感应冲水马桶

　　主题四：智能垃圾桶

　　自选主题：＿＿＿＿＿＿＿＿＿＿＿＿＿＿＿＿＿＿＿＿＿＿＿＿＿＿

● **项目规划**

　　参照项目范例的样式，制定本小组项目方案。请将小组的规划方案填写到表 3-3 中。

表 3-3　项目规划方案

1. 项目主题	
2. 要解决的核心问题	
3. 作品需要具备的功能（多选）	□舵机转动 □感应是否有人 □发出警报 □感应光线 □其他
4. 作品将会应用的领域	
5. 需要用到的核心设备	
6. 需要学习的知识和技能	
7. 开展项目学习的方法	
8. 进度安排表	
9. 学习资源获取途径及获得指导的途径	
10. 可能遇到的困难	
11. 预期成果	

● 方案交流

各小组将完成的方案在班级中进行展示交流，师生根据交流情况，按照下面问题的指引，共同完善本小组的研究方案。

我们小组的方案的优点是 _____

_____

我们小组的方案还需要补充的地方有 _____

_____

我认为还有更好的方案，我们可以（怎么做）_____

_____

● 探究活动

请同学们通过本章中一个个小项目的探究、合作学习，为实施你们的大项目计划做好充分的知识、技能储备。

第 1 节　点亮 LED 灯

● 情境

各种灯光在我们的日常生活中随处可见：交通信号灯、汽车转向灯、闪烁灯等。灯光向我们传递各种信息，通过不同的灯光信号，我们可以得到很多信息，从而作出判断。

● 问题

如何让 LED 灯亮起来？

● 范例

眨眼睛的小青蛙 (见图 3-1)。

图 3-1　眨眼睛的小青蛙

● 选题

请同学们以 3 ~ 6 人组成一个小组，选择下面一个参考主题，或者自拟一个自己感兴趣的主题，开展一个小项目的学习。

(1) 流水灯。

(2) 汽车转向灯。

(3) 眨眼睛的动物。

● 规划

各小组根据本小组的项目主题，参照项目范例的样式，利用思维导图工具，制定相应的项目方案。

一、认识 Arduino

1. Arduino 简介

（1）Arduino 是一个开放源码的电子原型平台，拥有灵活、易用的硬件 Arduino 开发板和软件 Arduino 编程平台。

（2）Arduino 可以接收来自各种传感器的输入信号，通过编程分析处理输入信号，可以控制光源、电机以及其他外部执行器，自动实现对周围环境的影响，或者做一些服务人类的工作。

2. Arduino 可以实现的项目

利用 Arduino 平台，可以实现各种各样的创意项目，例如：

当咖啡煮好时，咖啡壶就发出"吱吱"声提醒。

当邮箱有新邮件时，电脑就会发出铃声通知。

自制一个心率监测器，将每次骑脚踏车的记录存进存储卡。

………

3. 熟悉 Arduino Nano 板

Arduino 开发板有很多种，其中的 Arduino Nano 板小巧、美观、实用，常用于制作小型创意作品。如图 3-2 所示为 Arduino Nano 板。

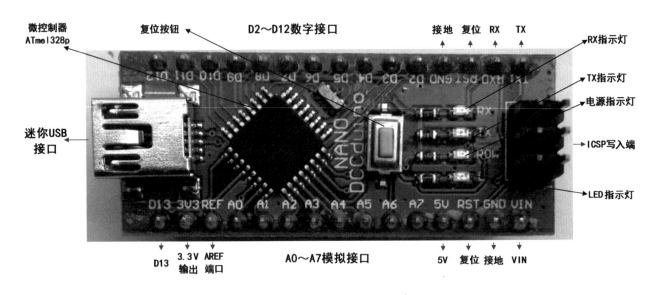

图 3-2　Arduino Nano 板

4. 熟悉 Nano 扩展板

Nano 板虽然简单易用，但在连接有三个引脚的传感器模块时，还是不太方便，这就需要用到 Nano 扩展板，如图 3-3 所示。

图3-3　Nano 扩展板

【实践】

1. 观察 Arduino Nano 板及其扩展板，了解各接线引脚的名称及其作用。

2. 安装驱动程序。

第一次将 Arduino 开发板接入计算机，需要安装驱动程序，以后计算机则会自动识别而不必再安装。第一次的安装过程如下。

下载 Arduino 驱动程序 CH341SER，双击" CH341SER.EXE "进行安装。

点击"安装"按钮继续安装，如图 3-4 所示。

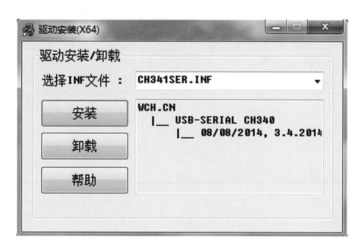

图3-4　驱动程序安装界面

驱动安装完成后，计算机会自动分配一个端口给 Arduino 开发板，如"COM4"或"COM5"等。在计算机的设备管理器的"端口"中，会看到类似 USB-SERIAL CH340（COM3）的字样，请记住此端口号，如实例中的端口号是 COM3，如图 3-5 所示。

3. 插上 Arduino 板，查看你的计算机显示的 Arduino 板的端口号是多少。

图 3-5　查看端口号

二、熟悉 Mixly

支持 Arduino 开发板的编程平台很多，这里我们选用方便、实用的国产图形化编程平台——米思奇（Mixly，可以从网上搜索到并免费下载）。

1. 界面介绍

米思奇编程平台左侧区域为模块分类区；中部为编程区域；最右侧图标分别对应程序居中、程序块放大、缩小显示及删除；底部灰色工具栏为功能菜单；最下方为信息显示区域，如图 3-6 所示。

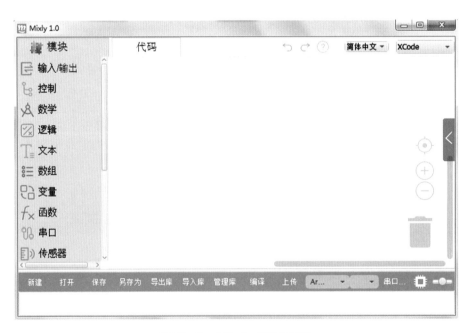

图 3-6　Mixly 运行界面

2. 上传程序

使用米思奇编程时，将所需的各类模块，按照编程思路拖曳至编程区域，编程完后，首先单击"编译"，看程序有没有错误。然后选择开发板的板型和端口，最后单击"上传"按钮将所编辑好的程序上传到 Arduino 开发板进行运行调试，如图 3-7 所示。

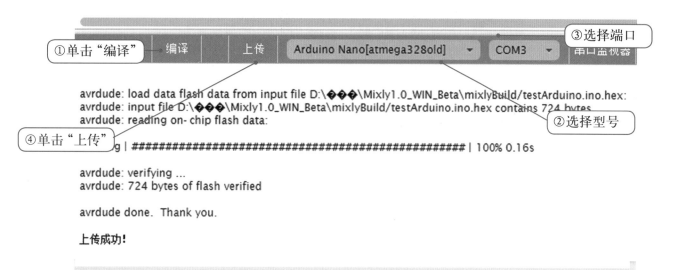

图3-7 上传程序

【实验】

现在，我们可以动手来点亮 Arduino Nano 板上的指示灯，让它按我们所想的方式亮或灭。

1. 找到 Arduino Nano 板的 13 号接口的 LED 指示灯，它的控制引脚是 13 号数字口 D13。

2. 打开米思奇编程平台，从 输入/输出 模块中拖曳合适的模块到编程区，并设置对应的参数，如图 3-8 所示。

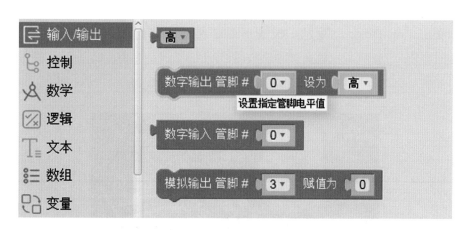

图3-8 选择数字输出模块

例如，点亮 D13 的模块程序为：数字输出 管脚 # 13 设为 高

3. 上载程序并进行调试

当上传完毕，信息显示区域会显示"上传成功"。点亮指示灯时的亮灯效果如图 3-9 所示。

图 3-9　点亮板载 LED 的效果

【阅读】

数字输出是 Arduino 主控板对元件的控制方式之一。它向输出的电路传送数字信号——0 和 1。0 意味着输出低电平，电路不会接通，1 则是输出高电平，电路接通。

【讨论】

认识了 Arduino 开源平台，你想制作什么有趣的东西吗？在小组内交流讨论。

三、外接 LED 模块

1. LED 介绍

LED（Light Emitting Diode，发光二极管）是一种能够将电能转化为可见光的固态半导体器件。它可以直接把电能转化为光，具有体积小、耗电量低、高亮度、低热量、使用寿命长的特点，如图 3-10 所示。

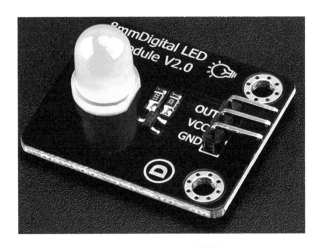

图 3-10　LED 模块

【阅读】

杜邦线，在电子行业中，可用于实验板的引脚扩展、增加实验项目等；可以非常牢靠地和插针连接，无须焊接，可以快速地进行电路试验；在Arduino中主要用于连接传感器和Arduino板。杜邦线如图3-11所示。

图 3-11　杜邦线

2. 线路连接

将LED的GND针脚通过杜邦线接在Nano板的数字接口13号接口的黑色G引脚；LED的VCC针脚通过杜邦线接在Nano板的数字接口13号接口的红色V引脚。LED的OUT针脚通过杜邦线接在Nano板的数字接口13号接口的蓝色S引脚，如图3-12所示。

图 3-12　连接电路

【实验】

接好LED后，再给Arduino Nano板供电，观察外接的LED灯有没有亮起来。

四、程序设计

如果想让 LED 灯熄灭，应该如何设计程序？

如果想让 LED 灯闪烁，应该如何设计程序？

在 Mixly 程序设计中，我们经常需要用到延时模块 延时 毫秒 1000，延时模块的作用是：将某一种状态或效果延续一定的时间。延时模块可以在 控制 中找到，如图 3-13 所示。

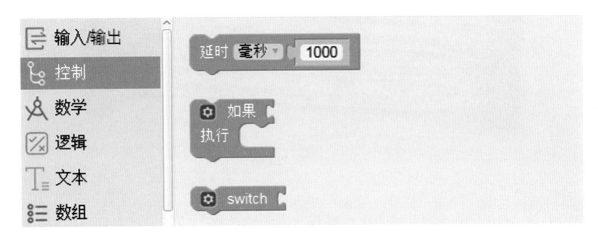

图 3-13　选择延时模块

借助于延时模块，我们可以设计出让 LED 灯闪烁的程序，如图 3-14 所示。

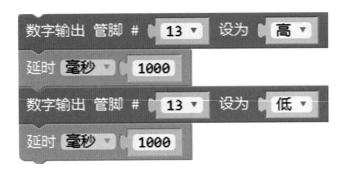

图 3-14　LED 灯闪烁的程序

【阅读】

可以看到，LED 灯在熄灭 1 秒后又重新亮了起来，1 秒钟后又熄灭，如此重复下去。这是因为 Mixly 和 Arduino 默认这段程序是重复执行的，如果没有其他干预，程序便会一直重复执行。

【实施】

各小组根据所选定的小项目主题及其拟定的小项目方案，结合本节所学知识，实施相关活动，创作小项目作品。

【展评】

各小组运用数字可视化工具，将所完成的小项目初期成果，在小组和全班中或在网络上进行展示与交流。

第 2 节　垃圾桶装满提醒装置

● 情境

很多时候，我们会遇到垃圾桶已经满了，但环卫工人不知道，因而没有及时清理垃圾的情况。

● 问题

如何提醒环卫工人，垃圾桶已经装满了？

● 范例

垃圾桶装满提醒装置 (见图 3-15)。

图 3-15　垃圾桶装满提醒装置

● 项目选题

请同学们以 3 ~ 6 人组成一个小组，选择下面一个参考主题，或者自拟一个自己感兴趣的主题，开展一个小项目的学习。

1. 挥手控制灯。

2. 可计数的存钱罐。

3. 垃圾桶装满提醒装置。

4. 安全小卫士。

● 项目规划

各小组根据本小组的小项目选题，参照项目范例的样式，利用思维导图工具，制定相应的项目方案。

一、蜂鸣器模块

1. 蜂鸣器介绍

蜂鸣器分为有源蜂鸣器和无源蜂鸣器，这里的源不是指"电源"，而是指"震荡源"，蜂鸣器模块如图3-16所示。

图 3-16　蜂鸣器

无源蜂鸣器的特点是：蜂鸣器内部不带震荡源，如果使用直流信号无法令其发声，必须用方波去驱动它。但无源蜂鸣器的声音频率可控，可以做出不同的音调效果。

有源蜂鸣器的特点是：蜂鸣器内部带震荡源，只要一通电就会发声。因此程序控制方便，可以用模拟信号驱动，也可以用高低电平驱动，主控板输出一个高低电平就可以让其发出声音。

2. 蜂鸣器发声的实现

让垃圾桶装满提醒装置发声，选用无源蜂鸣器。无源蜂鸣器需要用PWM方波来驱动。如果选用PWM驱动，可以选择接线的数字接口有3、5、6、9、10、11接口。

【阅读】

PWM（Pulse Width Modulation）：脉冲宽度调制，是一种对模拟信号进行数字编码的方法。简单来说就是通过一个时钟周期内高低电平的不同占空比来表征模拟信号，常用来进行调光或调速。

二、红外避障模块

红外避障模块是一种集发射与接收于一体的数字传感器。利用被检测物对光束的遮挡或反射，由同步回路接通电路，从而检测物体的有无，最远可以检测80厘米的距离。本节用到的红外避障模块如图 3-17 所示。

图 3-17　红外避障模块

三、电路连接

在了解了红外避障传感器和蜂鸣器的原理之后，我们可以绘制如图 3-18 所示的电路连接图。

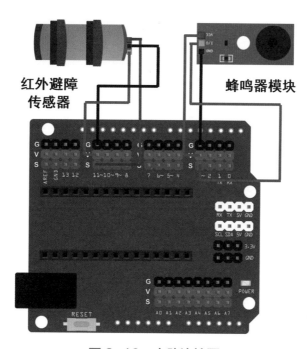

图 3-18　电路连接图

1. 连接蜂鸣器

将无源蜂鸣器连接在数字 3 号接口。蜂鸣器上的 GND 针脚为负极，接 Arduino 板的 G 地线针脚；蜂鸣器上的 I/O 针脚为信号针脚，接 Arduino 板的 S 信号针脚；蜂鸣器上的 VCC 为正极，接 Arduino 板的 V 电源针脚，如图 3-19 所示。

图 3-19　蜂鸣器与 Arduino 板的连接

2. 连接红外避障传感器

红外避障传感器的棕色线接 Nano 扩展板的 VCC，红外避障传感器的蓝色线接 Nano 扩展板的 GND，红外避障传感器的黑色线接 Nano 扩展板的信号引脚。

四、编写程序

1. 输出声音

打开 Mixly 编程平台，通过选择模拟输出模块，设置 3 号接口输出为 150，让蜂鸣器发出声音，如图 3-20 所示。

图 3-20　蜂鸣器发声程序

【思考】

我们能不能让小卫士有节奏地唱歌呢?

每个音符都有其对应的频率，可根据发音频率和节拍编写乐音程序，如编写"两只老虎"第一句乐音"1-2-3-1"的程序如图 3-21、图 3-22 所示。

创客教育系列丛书 小学第三册

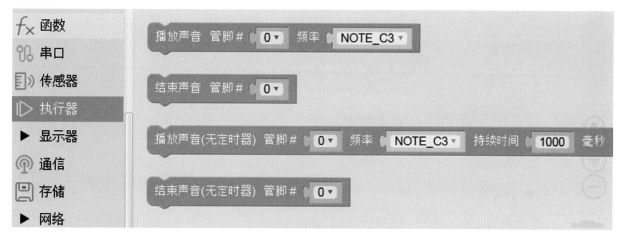

图 3-21　播放声音模块

图 3-22　"两只老虎"乐音程序

【阅读】

　　声音的三个主观属性分别是音量（响度）、音调和音色。音量是指人耳感受到的声音强弱；音调是指人的听觉能分辨一个声音的调子高低的程度；音色是指声音的感觉特性，即根据不同的音色，即使在同一音高和同一声音强度的情况下，也能区分出是由不同乐器或人发出的。

　　我们听到的音乐，每个音符都有固定的频率。

　　蜂鸣器的驱动电流（PWM 占空比）决定了蜂鸣器发声的音量；蜂鸣器的工作频率（PWM 频率）决定了蜂鸣器发声的音调；蜂鸣器的内部结构与发声原理决定了蜂鸣器发声的音色。

【讨论】

　　你可以为小卫士编写一段好听的音乐程序吗？在小组内讨论、交流、分享。

2. 测试红外避障模块

首先选择 串口 ，然后选择 Serial 打印（自动换行），如图 3-23 所示。
将红外避障传感器接收到的值打印出来，如图 3-24 所示。
打开串口监视器，查看输出数值，如图 3-25 所示。

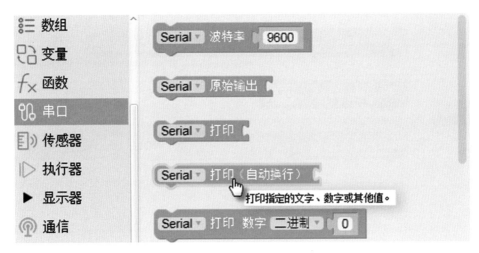

图 3-23　串口打印

图 3-24　打印数值

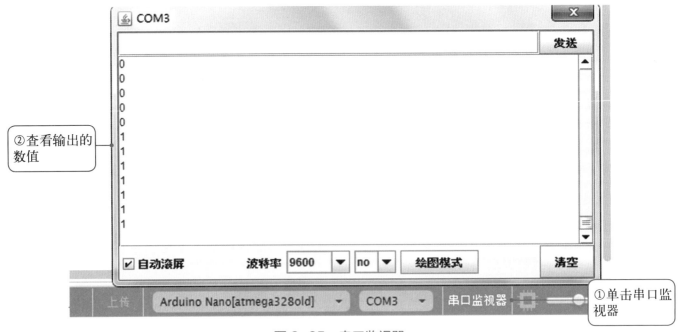

图 3-25　串口监视器

【观察】

观察串口监视器，当红外避障传感器前方没有遮挡的时候，输出的数值是多少；有遮挡的时候输出的数值又是多少，并做好记录。

3. 如果与否则

（1）在 模块 中单击 控制 ，然后选择 模块，如图 3-26 所示。

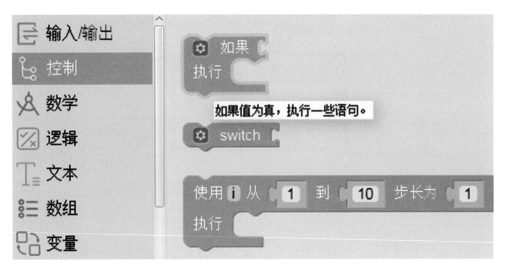

图 3-26 选择"如果"模块

（2）选择 逻辑 模块中的 模块，如图 3-27 所示。

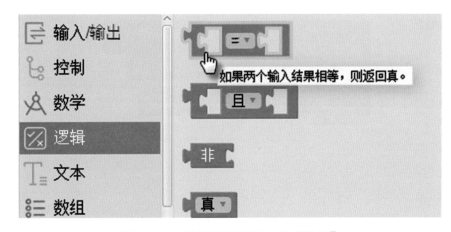

图 3-27 选择逻辑模块中的"等于"

（3）如果检测到前方有遮挡则鸣响蜂鸣器，如图 3-28 所示。

图 3-28 检测到前方有遮挡则鸣响

（4）如果没有检测到遮挡呢？首先单击 按钮，然后拖动 否则 模块到 模块中间，如图 3-29 所示。

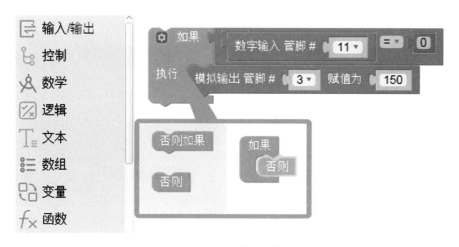

图 3-29　增加"否则"模块

【实验】

添加"否则"模块完毕后，如何关闭已经弹出的 否则 窗口，快来试一试。

4. 完整程序参考

最后，垃圾桶装满提醒装置的完整程序如图 3-30 所示。

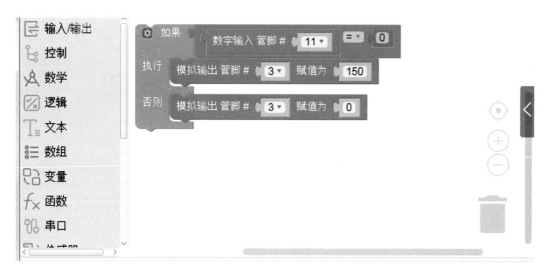

图 3-30　垃圾桶装满提醒装置完整程序

【实施】

各小组根据所选定的小项目主题及其拟定的小项目方案，结合本节所学知识，实施相关活动，创作小项目作品。

【展评】

各小组运用数字可视化工具，将所完成的小项目成果，在小组和全班中或在网络上进行展示与交流；根据别人的意见和建议，进一步优化方案，迭代改进，完善作品。

第3节 遥控道闸

● **情境**

垃圾桶装满之后，环卫工人通知垃圾车来小区清运垃圾，垃圾车需要通过小区出入口的闸门。

● **问题**

小区门卫如何控制闸门，让垃圾车可以通过呢？

● **范例**

遥控道闸（见图3-31）。

图 3-31　遥控道闸

● **项目选题**

请同学们以3～6人组成一个小组，选择下面一个参考主题，或者自拟一个自己感兴趣的主题，开展一个小项目的学习。

1. 皮影机器人（控制皮影的简单动作）。
2. 幸运大转盘。
3. 调光小台灯。
4. 遥控道闸。

● **项目规划**

各小组根据本小组的小项目选题，参照项目范例的样式，利用思维导图工具，制定相应的项目方案。

道闸又称挡车器，是专门用于道路上限制机动车行驶的通道出入口管理设备，现广泛应用于公路收费站、停车场系统管理车辆通道，用来管理车辆的出入。

电动道闸可以单独通过无线遥控实现起落杆，也可以通过停车场管理系统（即IC刷卡管理系统）实行自动管理状态，入场刷卡放行车辆，出场时，收取停车费后自动放行车辆，如图3-32所示。

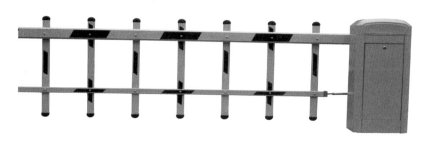

图3-32　道闸

【观察】

观察小区或商场出入口的道闸，想一想道闸是如何工作的。

一、舵机

舵机是一种位置（角度）伺服驱动器，适用于那些需要角度不断变化并可以保持的控制系统。目前在遥控玩具，如航模、遥控机器人中使用得比较普遍。舵机其实是一种伺服马达的俗称。创意制作中一般使用的是9g舵机，旋转的角度一般是0°~180°。9g舵机如图3-33所示。

图3-33　9g舵机

二、红外遥控器套装

Arduino红外无线遥控套件由Mini超薄红外遥控器和38kHz红外接收模块组成，Mini超薄红外遥控器具有 17 个功能键，发射距离最远可达 8 米，非常适合在室内操控各种设备。红外接收模块可接收标准 38kHz 调制的遥控器信号，通过对 Arduino 进行编程，即可实现对遥控器信号的解码操作，从而可制作各种遥控机器人以及互动作品，如图 3-34 所示。

图 3-34   红外遥控器套装

红外遥控器的每个按钮都有一个特定的十六进制代码，在使用前一定要记得给红外遥控器装上电池，还有红外遥控器要结合红外接收模块使用，它负责接收红外遥控器发射过来的信息并将其解码成十六进制码，这样才能实现既定的通信。

三、电路连接

遥控道闸的电路连接图，如图 3-35 所示。

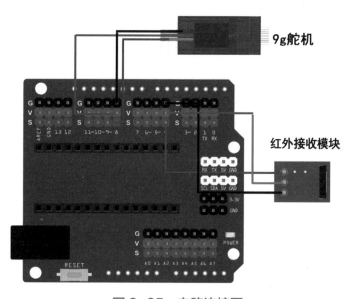

图 3-35   电路连接图

取出舵机模块，将其与 Nano 扩展板 8 号数字引脚对应的三个针脚相连。舵机的棕色线插 Nano 扩展板的黑色针脚，舵机的红色线插 Nano 扩展板的红色针脚，舵机的黄色线插 Nano 扩展板的蓝色针脚。

　　将红外接收模块与 Arduino Nano 板连接，其中红外接收模块的 S 针脚连接 Nano 板的 D4，红外接收模块的 VCC 连接 Nano 的 +5V，红外接收模块的 GND 连接 Nano 的 GND，并将红外接收模块固定好，如图 3-36 所示。

图 3-36　红外接收模块

四、编写程序

1. 测试舵机

　　打开 Mixly，点击左侧的 ▷ 执行器 模块，在右侧的子模块中单击舵机设置模块，如图 3-37 所示。

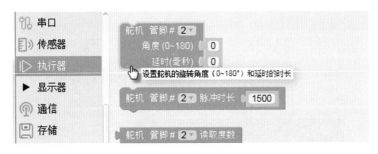

图 3-37　单击舵机模块

　　选择合适的参数，测试舵机，如图 3-38 所示。

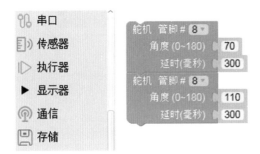

图 3-38　测试舵机

2. 测试红外遥控器

要获取红外按键的值，可以通过红外接收的数据来对照。首先在模块中选择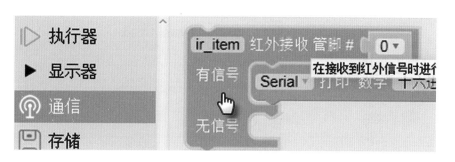，然后选择红外接收管脚，如图3-39所示。

图 3-39　红外接收管脚

【实验】

按下遥控器上的键，记录串口监视器中出现的值，如图3-40所示。

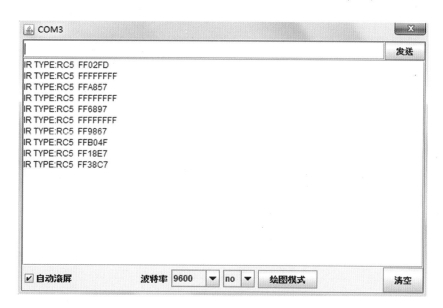

图 3-40　测试按键

例如，如果按下的是 OK 键，程序如图 3-41 所示。

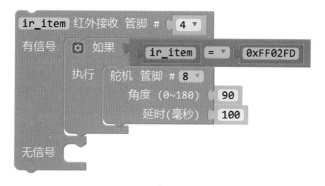

图 3-41　OK 键代码

3. 参考程序

（1）加入初始化设置程序，首先找到 控制 ，然后单击 初始化 模块，如图 3-42 所示。

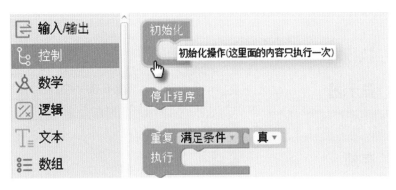

图 3-42 "初始化"模块

（2）最后，完整的程序如图 3-43 所示。

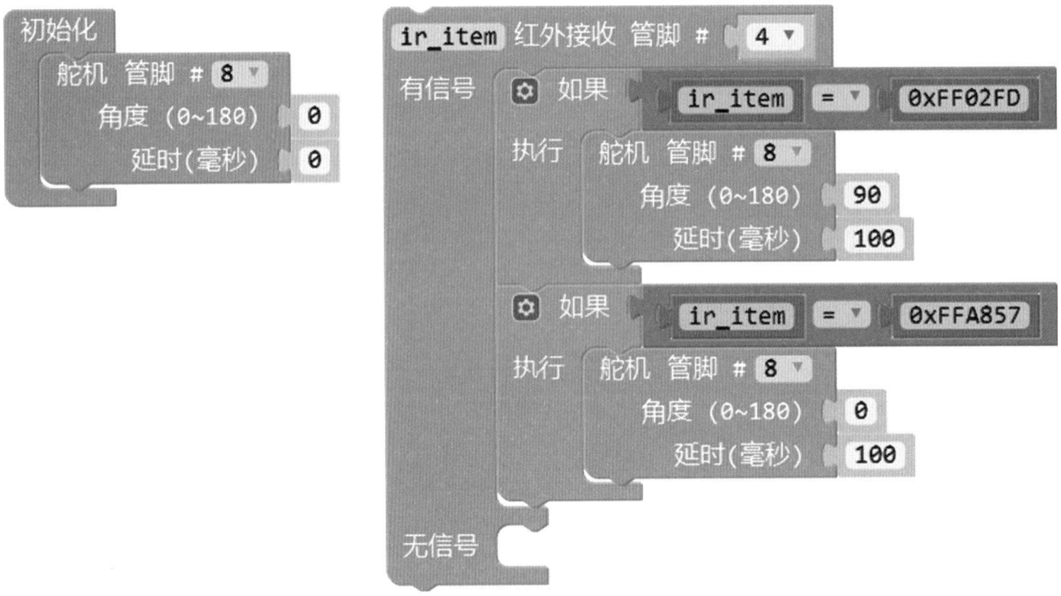

图 3-43 完整的程序

【实验】

如果不加入初始化部分的程序段，程序的运行结果会有影响吗？请通过实验进行验证。

【实施】

各小组根据所选定的小项目主题及其拟定的小项目方案，结合本节所学知识，实施相关活动，创作小项目作品。

【展评】

各小组运用数字可视化工具，将所完成的小项目初期成果，在小组和全班中或在网络上进行展示与交流。

第4节 倒车雷达

● 情境

垃圾清运车到达小区后，需要倒车靠近垃圾桶，然后将垃圾桶通过助力装置自动装进垃圾清运车内。

● 问题

如何提示垃圾清运车与垃圾桶之间的距离？

● 范例

倒车雷达

倒车雷达，即"倒车防撞雷达"，也叫"泊车辅助装置"，主要由超声波传感器、控制器和显示器等部分组成，如图3-44所示。

图3-44 倒车雷达范例

● 项目选题

请同学们以3～6人组成一个小组，选择下面一个参考主题，或者自拟一个自己感兴趣的主题，开展一个小项目的学习。

1.创意电子琴（根据人离琴的距离不同，琴发出不同的乐音）。

2.招财猫。

3.倒车雷达。

● 项目规划

各小组根据本小组的小项目选题，参照项目范例的样式，利用思维导图工具，制定相应的项目方案。

一、超声波传感器

超声波是一种频率高于 20000 赫兹的声波，频率下限大于人的听觉上限，因此得名超声波。超声波可用于测距、测速、清洗、焊接、碎石、消毒杀菌等。我们常用的超声波传感器是 HC-SR04 超声波模块，如图 3-45 所示。

图 3-45　超声波模块

【阅读】

由超声波发射器向某一方向发射超声波，记发射时刻为 t_1，超声波在空气中传播，途中碰到障碍物就立即返回，记超声波接收器收到反射波的时刻为 t_2，则反射点距障碍物的距离 $s=340 \times (t_2-t_1) / 2$。

根据这个原理，可以利用超声波传感器测距，或判断障碍物离超声波传感器的距离。

二、电路连接

蜂鸣器、超声波传感器与 Nano 扩展板的连接如图 3-46 所示。

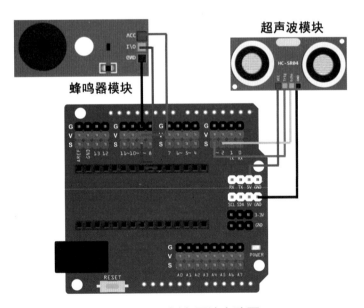

图 3-46　倒车雷达电路图

（1）将蜂鸣器连接在 Nano 板的数字 9 号接口，以作为遇到障碍物的报警器。

（2）超声波传感器的 trig 针脚接数字 3 号接口的 S 针脚，echo 针脚接数字 2 号接口的 S 针脚，GND 接 Nano 扩展板的 IIC 接口的 GND，VCC 接 Nano 扩展板的 IIC 接口的 5V。超声波传感器的接线如图 3-47 所示。

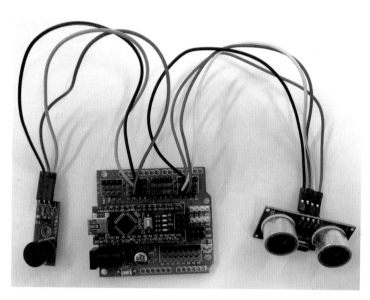

图 3-47　超声波传感器的接线图

三、编写程序

1. 设置波特率

首先设置波特率，找到 [⚙ 串口]，然后单击 [Serial ▼ 波特率 9600] 模块，如图 3-48 所示。

图 3-48　初始化波特率

【阅读】

波特率，是指单片机或计算机在串口通信时的速率。可以通俗地理解为一个设备在一秒钟内发送（或接收）了多少码元的数据。它是对符号传输速率的一种度量。计算机和 Arduino 板在传输数据的时候，为了确保数据的正常传送和接收，一般要设置相同的波特率。

2. 超声波模块

在左侧的 [▤》传感器] 中找到超声波模块，如图 3-49 所示。

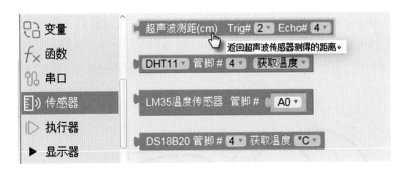

图 3-49　超声波模块

设置好超声波模块的连接端口，如图 3-50 所示。

图 3-50　超声波传感器检测距离的程序

【实验】

两个同学一组，一个同学负责移动超声波，另一个同学负责记录串口监视器中的数据。在串口监视器中，可以看到超声波传感器检测到的距离数据（单位：厘米），如图 3-51 所示。

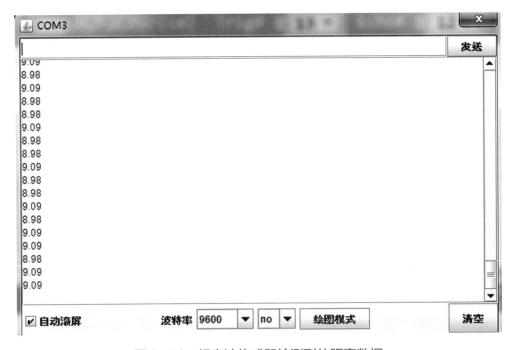

图 3-51　超声波传感器检测到的距离数据

3. 实现避障

根据问题需求：若垃圾桶距离障碍物小于20厘米，即当超声波传感器检测的距离小于20厘米时，则蜂鸣器鸣响；若超声波模块距离障碍物大于等于20厘米时，则蜂鸣器停止发声，根据以上思路编写的程序如图3-52所示。

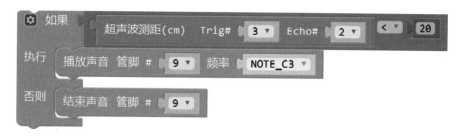

图 3-52　超声波避障的 Mixly 程序

【思考】

生活中的倒车雷达系统就是利用超声波测距的原理，但是生活中的倒车雷达系统似乎更加智能化：当距离小于50厘米开始"哔——"提醒，如果距离小于30厘米声音开始变得急促"哔、哔、哔"，如果距离小于10厘米，声音变得非常紧急。

你能动手改进，让超声波测距变得更加智能吗？如图3-53所示。

图 3-53　超声波避障小车

【实施】

各小组根据所选定的小项目主题及其拟定的小项目方案，结合本节所学知识，实施相关活动，创作小项目作品。

【展评】

各小组运用数字可视化工具，将所完成的小项目初期成果，在小组和全班中或在网络上进行展示与交流。

第5节　智能小夜灯

● 情境

小区有老人向环卫工人反映：晚上垃圾桶附近的光线不足，给扔垃圾带来了不便，希望能解决这个问题。

● 问题

如何实现晚上有人靠近垃圾桶时，垃圾桶自动亮灯？

● 范例

智能小夜灯，如图 3-54 所示。

图 3-54　智能小夜灯

● 项目选题

请同学们以 3 ~ 6 人组成一个小组，选择下面一个参考主题，或者自拟一个自己感兴趣的主题，开展一个小项目的学习。

1. 智能小夜灯。
2. 音乐盒（打开音乐盒，就开始唱歌）。
3. 手机防盗装置（手机离开包就报警）。

● 项目规划

各小组根据本组的小项目选题，参照项目范例的样式，利用思维导图工具，制定相应的项目方案。

一、光敏电阻传感器模块

光敏电阻是用硫化镉或硒化镉等半导体材料制成的电阻器，其工作原理是基于内光电效应。光敏电阻器的电阻值随入射光的强弱而改变，又称为光电导探测器。入射光强，电阻减小；入射光弱，电阻增大，如图3-55所示。

图3-55　光敏电阻传感器模块

光敏电阻模块对环境光线最敏感，一般用来检测周围环境光线的亮度，触发单片机或继电器模块等。

【讨论】

光敏电阻传感器模块可以应用在哪些地方？

二、人体红外感应模块

HC-SR501人体红外感应模块是基于红外线技术的自动控制模块，灵敏度高，可靠性强，广泛应用于各类自动感应电器设备，如图3-56所示。

其特点是：全自动感应，人进入其感应范围则输出高电平，人离开感应范围则自动延时关闭高电平，输出低电平。感应范围：5米左右。

【实验】

人体红外感应模块感应到人时会输出什么信息？没有感应到人时又会输出什么信息？动手试一试。

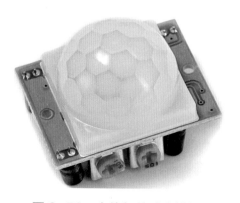

图3-56　人体红外感应模块

三、电路连接

将人体红外感应模块连接到D3管脚，将LED灯连接到D11管脚，将光敏电阻模块连接到模拟 A0 管脚，如图 3-57 所示。

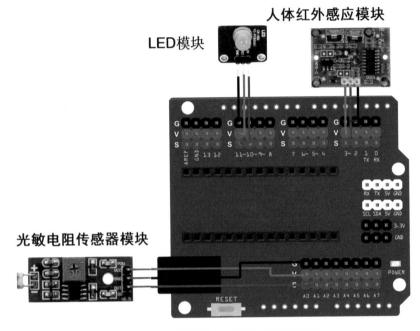

图 3-57 "智能小夜灯"电路连接

【思考】

光敏电阻模块为什么要接在模拟引脚？接在数字引脚可以吗？

四、编写程序

1. 编程思路

首先分析项目需求：晚上人靠近垃圾桶的时候，灯亮；其他时候，灯灭。按照这个要求，解决问题的思路可以用如图 3-58 所示的流程图来表示。

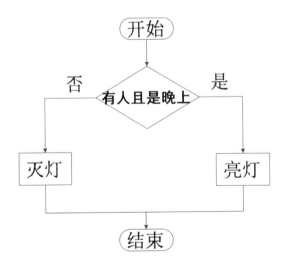

图 3-58 智能小夜灯流程图

2. 将流程图转化为程序

（1）如何判断是白天还是晚上？

要判断是白天还是晚上，可以通过光敏电阻传感器来实现。光敏电阻传感器获取当前光线值，然后与预先设定的白天或晚上的光线值进行比较。

在程序中，利用串口打印获取白天的光线值如图 3-59 所示，获取晚上的光线值如图 3-60 所示。

图 3-59　白天的光线值

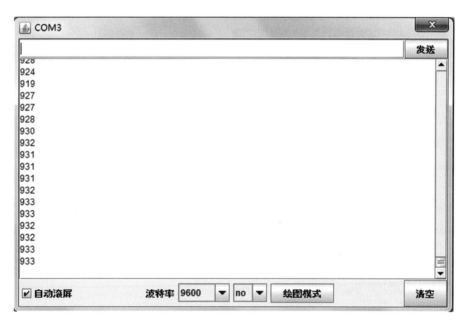

图 3-60　晚上的光线值

【讨论】

如何获取晚上的光线值？难道一定要等到晚上才能获取吗？

通过观察串口监视器的数据，我们发现白天的光线值在 260 左右，晚上的光线值在 930 左右。

我们可以计算出它们的平均值：（260+930）/2=595，然后将这个595作为区分是白天还是晚上的临界值。

【思考】

为什么可以用白天和晚上光线值的平均值作为判断是白天和黑夜的标准？你还有其他办法吗？

（2）如何判断有人经过？

在前面的实验中，我们已经知道：人体红外感应模块感应到人的时候输出1，没有感应到人的时候输出0。可以使用以下程序进行是否有人的判断，如图3-61所示。

图 3-61　判断是否有人

3. 完整程序

按照图3-58中流程图的思路进行程序设计，参考程序如图3-62所示。

图 3-62　完整程序

【观察】

最终程序中"判断是否有人"的代码与图3-61中的代码是否一致？如不一致，到底哪个是对的？

五、结构搭建与测试

在纸盒上利用美工刀、螺丝刀等工具事先开好孔，然后安装人体红外感应模块、光敏电阻传感器模块、LED发光模块等，如图3-63所示。

运行测试

结构搭建完成后，可以进行测试。看智能小夜灯是否真的能实现晚上有人经过的时候自动亮灯，如图3-64所示。

图 3-63 安装传感器模块

图 3-64 运行效果

【实施】

各小组根据所选定的小项目主题及其拟定的小项目方案,结合本节所学知识,实施相关活动,创作小项目作品。

【展评】

(1)各小组运用数字可视化工具,将所完成的小项目成果,在小组和全班或在网络上进行展示与交流,优化方案,迭代改进,完善作品。

(2)各小组根据小项目选题、方案、实施情况以及所形成的小项目成果,根据本书附录的"项目活动评价表",开展项目学习活动评价。

第6节 身边的创意制作

只要留意我们的学习和生活,就很容易发现一些可以改善的地方。利用我们所学的创意制作的知识,解决我们生活中的问题是我们的目标和任务。请同学们以"智能生活"为主题,以小组为单位,创作一个创意作品。作品应突出智能技术(如传感器、人工智能、物联网等)给生活带来的便利和乐趣,体现设计者对健康、舒适、便捷的智能生活的期望。

一、创意来源

从早上起床开始,到上学,到午休,再到晚上睡觉,在这个过程中,你想到哪个环节存在可以创意制作的点子?如防近视的台灯、坐姿监测衣、投篮自动计分装置等。

【讨论】

将你的创意想法在小组中提出来,倾听其他组员的意见和建议,并对其他组员提出的创意进行评价,最终确定你们小组的创意点子,并填写,如表3-4所示。

表 3-4　创意点子

组名	
发现的现象及问题	
解决方案	

二、项目规划

1. 项目可行性报告

通过小组交流和讨论，借助网络或教师资源进行项目的可行性论证，并规划你们小组的设计方案。根据表 3-5 填写项目可行性研究报告。

表 3-5　项目可行性研究报告

作品名称			
组名		组员	
设计意图 （为什么要设计这个作品）			
作品的功能用途			
作品结构图			
硬件清单			

2. 项目分工表

通过项目可行性研究之后，首先要对项目进行整体规划，包括作品的结构设计、所需器材、可能遇到的问题和难点，然后将任务分配给组员，进行分工合作，如表3-6所示。

表3-6　项目分工表

作品名称			
组名		组员	
可能遇到的问题		如何解决	
姓名	任务		

三、搭建与编程

1. 作品外观图（请将作品外观图绘制或张贴在空白处）

2. 电路连接图（请将电路连接图绘制或张贴在空白处）

3. 辅助搭建材料清单（请绘制和填写辅助搭建材料表格或将辅助搭建材料拍照后张贴在下方空白处）

4. 程序代码（请书写程序代码或将程序截图拍照后张贴在下方空白处）

四、分享与迭代

1. 分享调试

（1）向同伴展示、分享你的作品，介绍你最得意的部分。

（2）分享你遇到的问题和困难，以及准备改进的方向和新的想法。

（3）分享你们小组在程序设计过程中的心得。

2. 修改迭代

（1）尝试使用激光切割重新设计作品的外观。

（2）尝试使用手机或无线网络来控制你们的作品。

（3）根据同学们的修改意见和建议，对作品进行升级改造。

● 项目实施

各小组根据项目选题及拟定的项目方案，结合本章所学内容，进一步完善该项目方案中各项学习活动，并参照项目范例，完成项目作品，撰写相应的项目研究报告或学习报告。

● 成果交流

各小组运用数字可视化工具，将所完成的项目成果，在小组和全班中或在网络上进行展示与交流，优化方案，迭代改进，完善作品。

● 活动评价

各小组根据项目选题、拟定的项目方案、实施情况以及所形成的项目成果，根据本书附录的"项目活动评价表"，开展项目学习活动评价。

本章扼要回顾

同学们通过本章的学习，根据"创意制作"的知识结构图，扼要回顾，总结、归纳学过的内容，建立自己的知识结构体系，如图3-65所示。

创客教育系列丛书 小学第三册

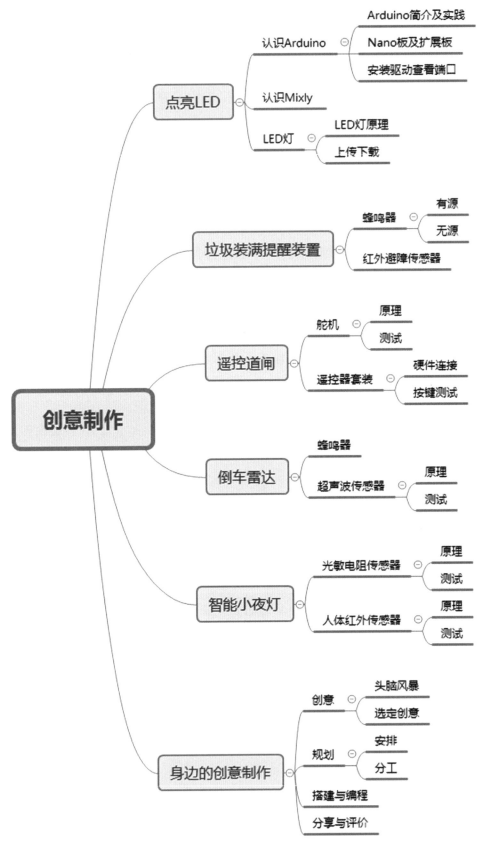

图 3-65 "创意制作"知识结构图

回顾与总结

创客教育系列丛书

小学第三册

回顾与总结

通过我们与小组成员共同努力，以最终作品的呈现实现了我们的奇思妙想。在项目制作的过程中，我们付出了汗水，收获了喜悦。子曰："学而不思则罔，思而不学则殆。"我们既要学习，也要反思，反思我们在项目学习中的成功和不足之处，有利于我们更好地开展以后的探究学习。请你按照表 3-7 的指引进行自我总结。

表 3-7　项目学习自我总结表

项目主题					
姓名		学号		日期	
小组成员					
自我总结					
该项目中我所完成的任务是：					
该项目所涉及的学习领域有：					
项目实施过程中我遇到的困难有：					
我克服困难的方法是：					
关于整体分工和合作情况，其他小组值得我们学习的是：					
其他小组值得我们借鉴的地方是：					
通过该项目学习，我的收获是：					
通过该项目学习，我知道自己的优势在于：					
我还需要继续努力的方面有：					
如果再做一次该项目，我会做出调整的是：					

附录　项目活动评价表

　　各小组根据项目选题、拟定的项目方案、实施情况以及所形成的项目成果，按照下表，开展项目学习活动评价。

序号	评价指标	评价要点	评价结果
1	作品选题	作品选题新颖，内容健康向上 选题贴近生活，做到学以致用 选题用于创新，无常识性错误 具备一定的趣味性、实用性	□优秀 □良好 □中等 □仍需努力
2	作品规划	会使用思维导图进行作品规划 科学组建小组，成员分工明确 任务分配合理，责任落实到人 明确制作进度，按时完成任务	□优秀 □良好 □中等 □仍需努力
3	作品制作	非原创素材制作，无版权争议 及时记录制作中所遇到的问题 作品功能到位，调测优化 遇到问题，团队共同讨论解决	□优秀 □良好 □中等 □仍需努力
4	作品分享	讲解自然、清晰，仪态大方得体 声音洪亮，抑扬顿挫，用词恰当 作品演示娴熟，能体现团队精神 注重经验分享，礼貌回答问题	□优秀 □良好 □中等 □仍需努力
5	学习反思	及时收集、归类创作所用素材 对所遇新问题，协同研讨解决 学习积极主动，交流讨论热烈 聆听他人建议，反思创作过程	□优秀 □良好 □中等 □仍需努力